1回　20回　40回　60回　80回　100回　120回　GOAL

シール

べんきょうした日
〔　　月　　日〕

じかん 20ぷん	とくてん
ごうかく 40てん	50てん

標準レベル 1

あつまりと　かず

算数①

1 おなじ　かずの　ものを　せんで　むすびましょう。（1つ5てん）

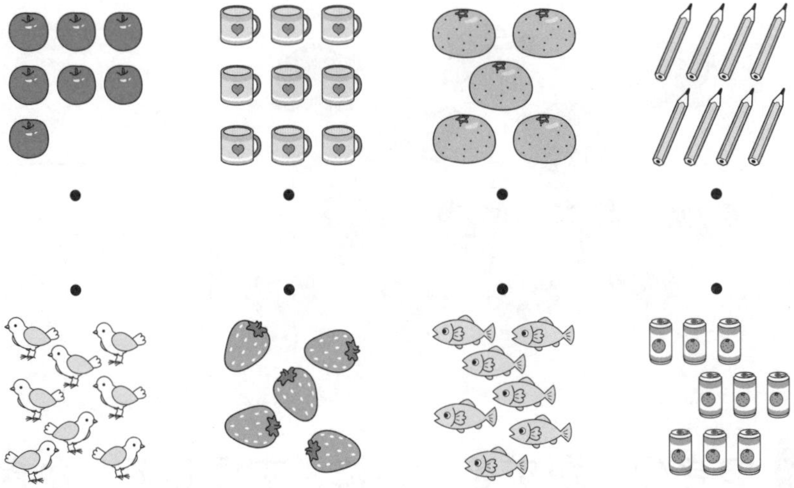

2 えと　おなじ　かずだけ　○に　いろを　ぬりましょう。（1つ5てん）

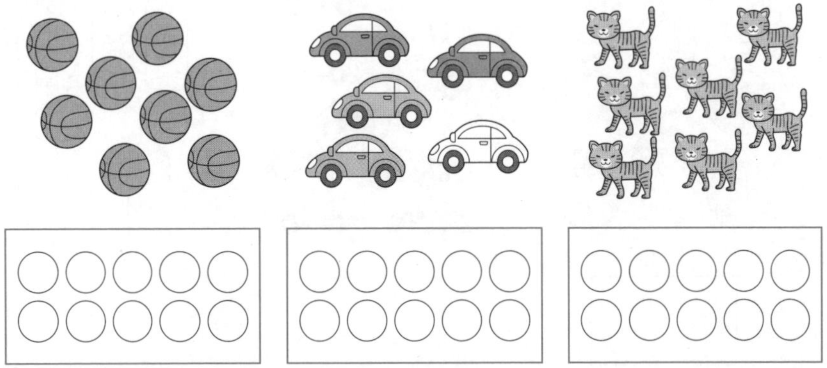

3 かずが　おなじ　ものは　どれと　。
なまえを　かきましょう。（1つ5てん）

れもん

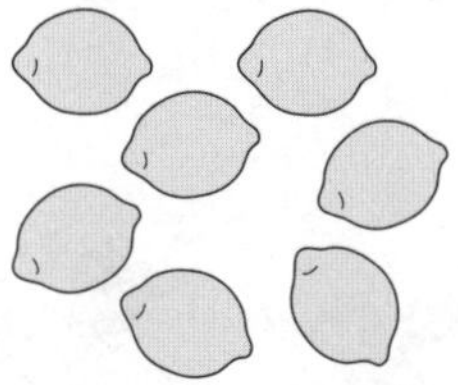

とまと

ばなな

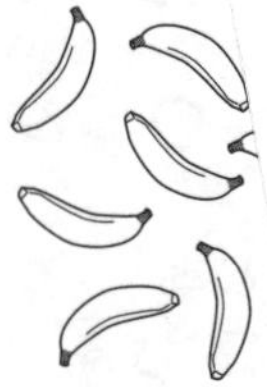

いちご

みかん

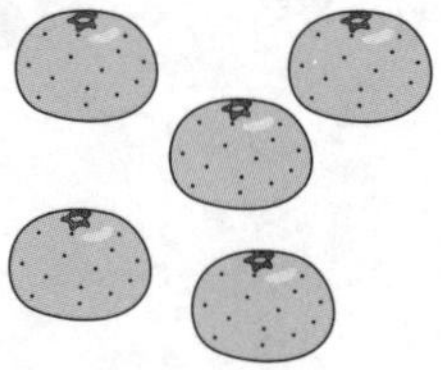

りんご

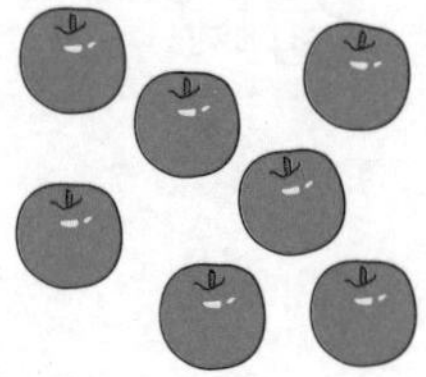

いぬ

ねこ

とり

と	と
と	

算数

上級レベル 2 あつまりと　かず

算数②

じかん	とくてん
20ぷん	
ごうかく 35てん	50てん

1 おなじ　かずの　ものを　せんで　むすびましょう。（1つ5てん）

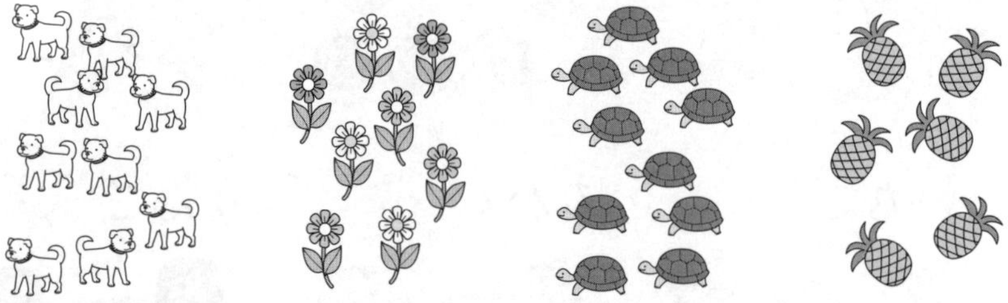

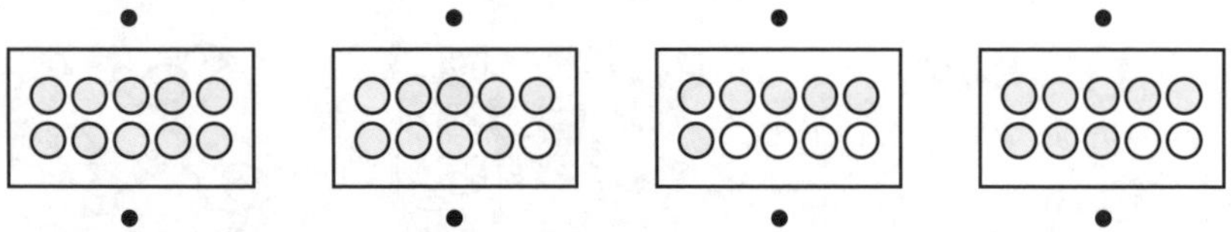

8	9	10	6

2 えと　おなじ　かずだけ　○に　いろを　ぬりましょう。（1つ5てん）

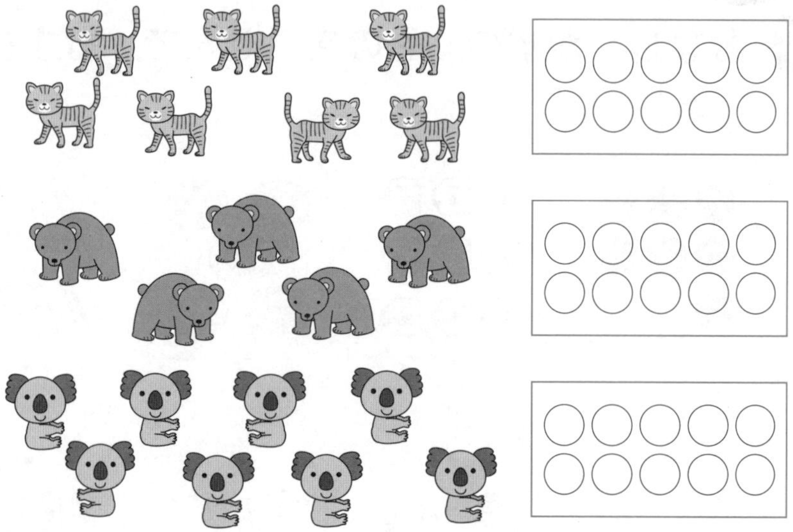

3 つぎの　かずを　□に　すうじで　かきましょう。（1つ5てん）

(1)

(2)

(3)

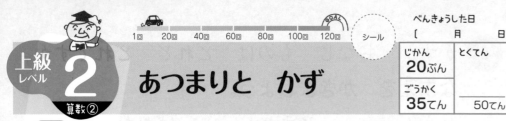

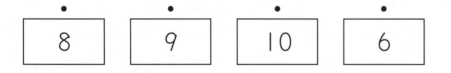

じかん 20ぷん	とくてん
ごうかく 40てん	50てん

標準レベル 3 算数③

かずと すうじ

1 すうじの かずだけ ○に いろを ぬりましょう。(1つ2てん)

7 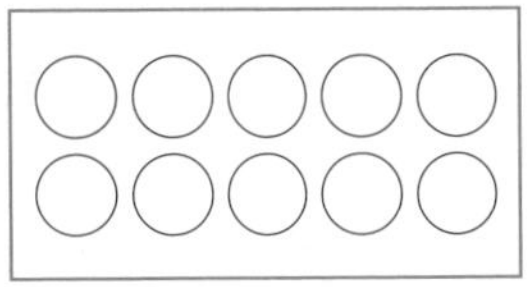 9 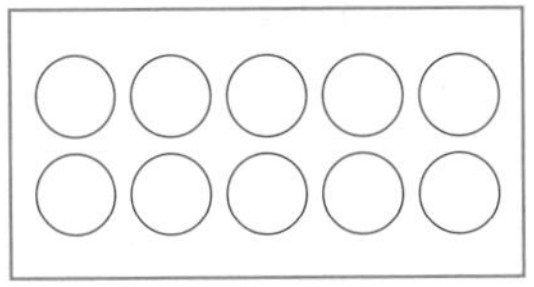 6 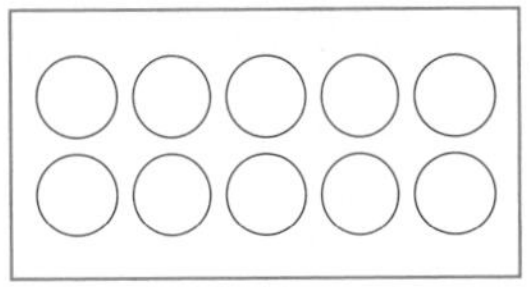

2 つみきは いくつ ありますか。すうじで かきましょう。(1つ2てん)

(1) 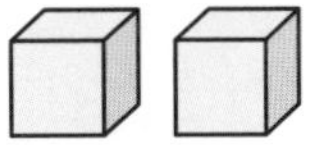 □

(2) 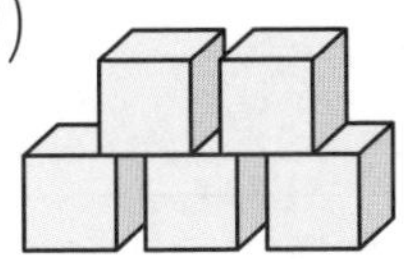 □

(3) 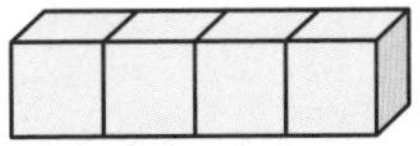 □

(4) 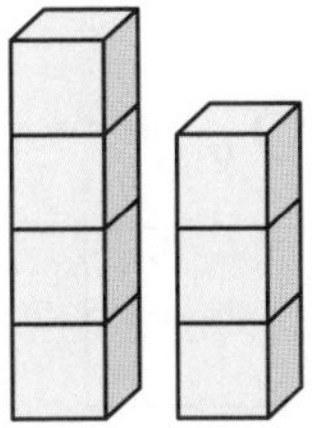 □

(5) 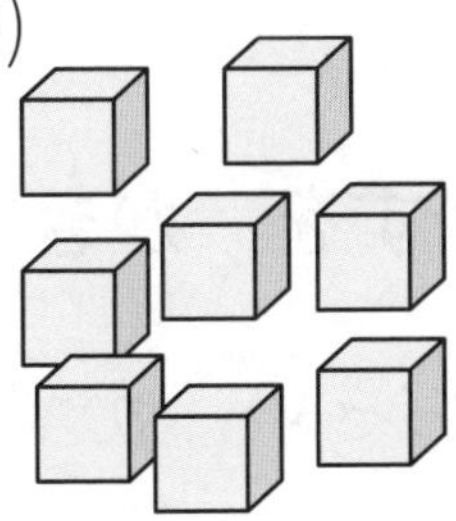 □

(6) 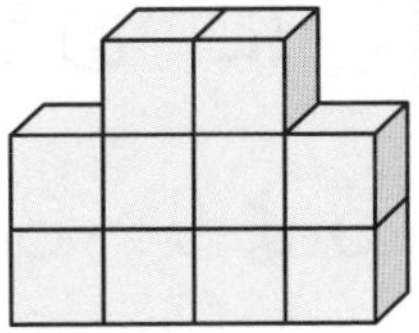 □

3 □に あう かずを かきましょう。(1つ4てん)

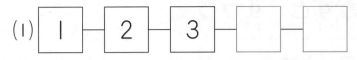

(1) 1 ― 2 ― 3 ― □ ― □

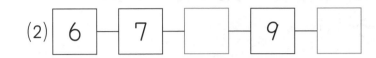

(2) 6 ― 7 ― □ ― 9 ― □

(3) □ ― 7 ― 6 ― □ ― 4

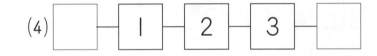

(4) □ ― 1 ― 2 ― 3 ― □

4 どちらが おおきい かずですか。おおきい ほうに ○を つけましょう。(1つ4てん)

(1) 5 6

(2) 8 4

(3) 10 9

(4) 1 0

算数

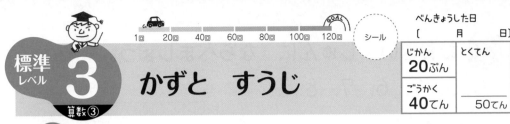

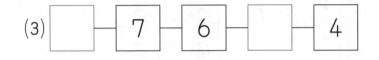

上級レベル 4 かずと すうじ

算数④

じかん 20ぷん	とくてん
ごうかく 35てん	50てん

1 ふたつの かずの ちがいを すうじで かきましょう。（1つ3てん）

(1)

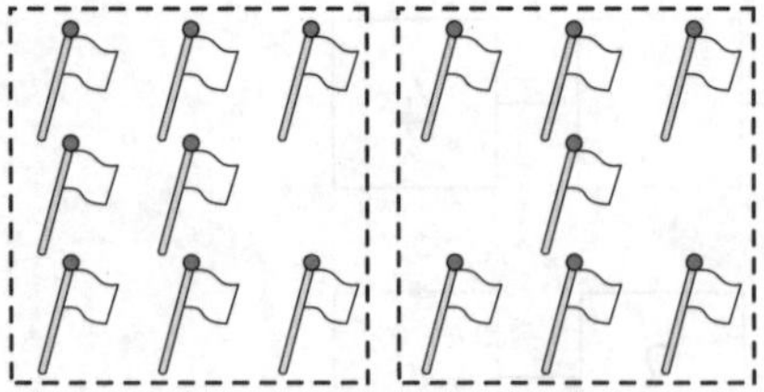

(　　)

(2)

(　　)

(3)

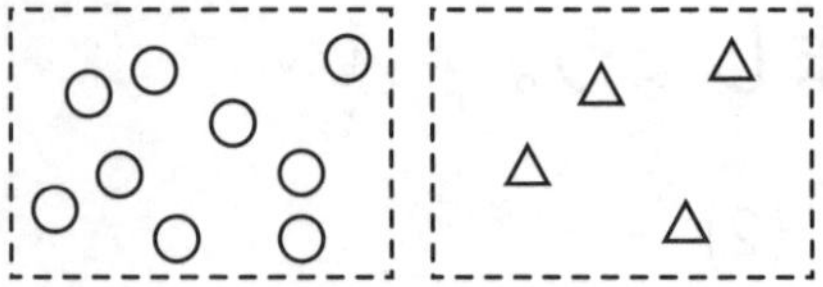

(　　)

(4)

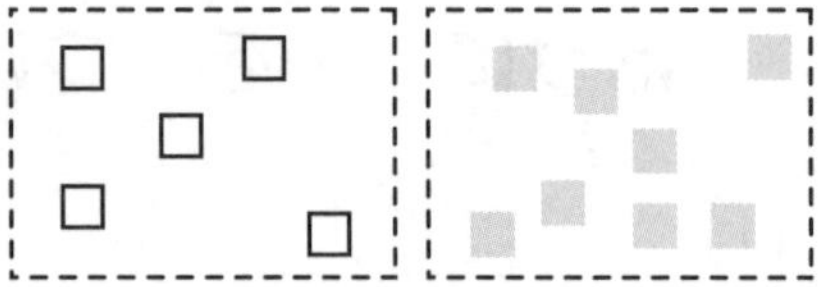

(　　)

(5) 4 6 (　　)

(6) 1 9 (　　)

(7) 8 3 (　　)

2 おおきい じゅんに ならべましょう。（1つ4てん）

(1) 5, 9, 6, 7, 8 □

(2) 1, 9, 6, 0, 2 □

(3) 6, 2, 8, 4, 10 □

3 □の なかに あう かずだけ ○を かきいれましょう。（1つ3てん）

(1) ○○○○と □ で 7

(2) ○○○○○と □ で 10

(3) □ と ○○で 8

4 □に あう かずを かきましょう。（1つ4てん）

(1) 5より 3 おおきい かずは □

(2) 10より □ ちいさい かずは 2

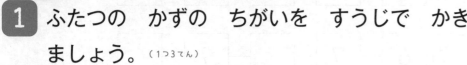

1回 20回 40回 60回 80回 100回 120回 シール

べんきょうした日 〔　　月　　日〕

じかん	とくてん
20ぷん	
ごうかく 40てん	50てん

標準レベル 5 算数⑤

じゅんばん

1 どうぶつが　じゅんに　ならんで　います。**といに　こたえましょう。**（1つ5てん）

（まえ）

（うしろ）

(1) いぬは　まえから　なんばんめですか。

(2) さるは　うしろから　なんばんめですか。

(3) まえから　6ばんめの　どうぶつは　なんですか。

(4) うさぎより　うしろには　なんびきの　どうぶつが　いますか。

(5) まえから　2ばんめの　どうぶつは　うしろから　かぞえると　なんばんめに　いますか。

2 **えを　みて　こたえましょう。**（1つ4てん）

（ひだり）□□□□□□□□□□□□（みぎ）

(1) ひだりから　3ばんめに　○の　しるしを　つけましょう。

(2) みぎから　6ばんめに　●の　しるしを　つけましょう。

(3)「○」と　「●」の　あいだに　□が　いくつ　ありますか。

(4) みぎの　はしから　4ばんめまでの　□に　△の　しるしを　つけましょう。

(5) なにも　しるしの　ついて　いない　□は　いくつ　ありますか。

3 つぎの　かずを　おおきい　じゅんに　ならべます。**5ばんめに　おおきい　かずを　かきましょう。**（5てん）

〔7　3　1　10　6　0　4　8〕

算数

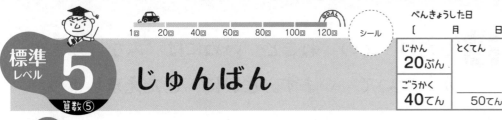

上級 レベル 6 算数⑥

じゅんばん

じかん	とくてん
20ぷん	
ごうかく 35てん	50てん

1

さとしさんと　ゆうさんが　かいだんに　たって　います。さとしさんは　したから　２だんめに　います。**といに　こたえましょう。**

(1) ゆうさんは　さとしさんより　なんだん　うえに　いますか。（5てん）

(2) ゆうさんは　したから　なんだんめに　いますか。（7てん）

(3) さとしさんが　かいだんを　７だん　のぼりました。ゆうさんは　さとしさんより　なんだん　したに　いますか。（8てん）

2 したの　えの　ねこと　いぬには　みな　なまえが　ついて　います。**といに　こたえましょう。**

(1)「たま」は　ひだりから　なんばんめですか。（7てん）

(2)「とら」は　「じろ」の　３びき　みぎに　います。「とら」は　みぎから　なんばんめですか。（7てん）

(3) ねこの　「ゆき」より　みぎには　いぬが　３びき　います。「ゆき」は　ひだりから　なんばんめですか。（8てん）

(4) いぬの　「はち」の　ひだりの　となりに　いぬが　います。みぎの　となりにも　いぬが　います。「はち」は　ひだりから　なんばんめですか。（8てん）

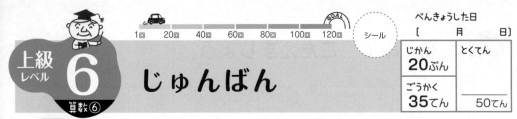

じかん 20ぷん	とくてん
ごうかく 40てん	50てん

標準レベル 7

いくつと いくつ

算数⑦

1 みかんが ぜんぶで 9こ あります。はこに はいって いる みかんは なんこですか。（1つ4てん）

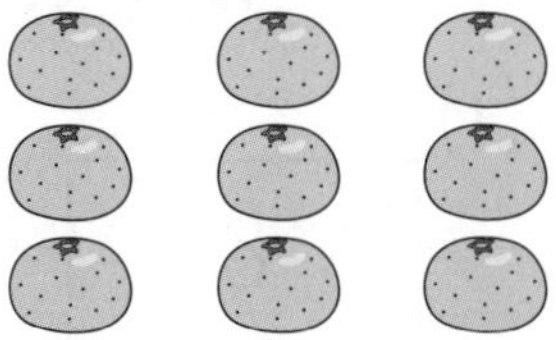

（1）

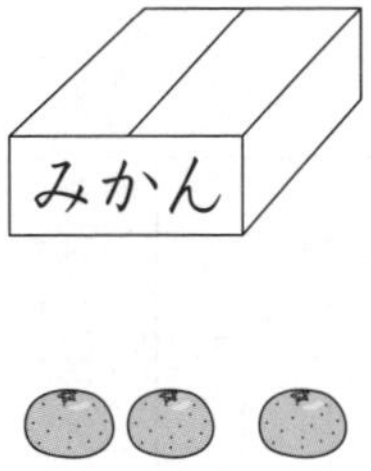

□ こ

（2）

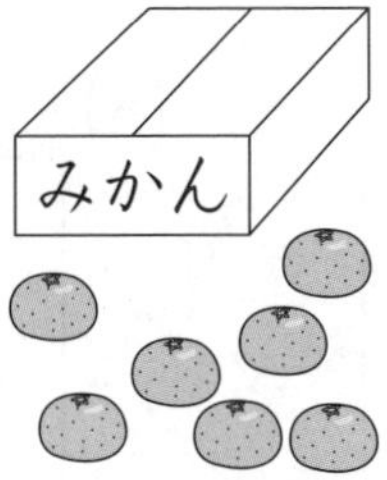

□ こ

（3）

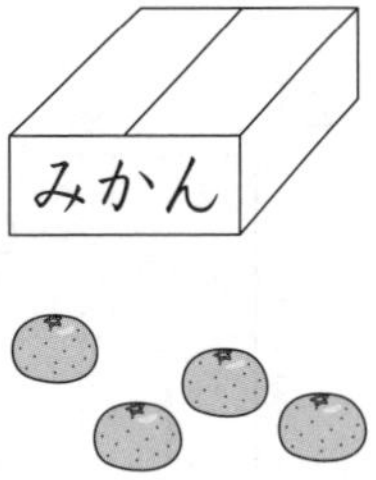

□ こ

2 □の なかに えを かきましょう。（1つ3てん）

（1）○○○○○は ○○○と □

（2）◎◎◎◎◎◎は □ と ◎◎

（3）△△△△ △△△△△は △△△ △△△と □

3 ずを みて □の なかに あう かずや え（○と●）を かきましょう。（1つ2てん）

	ぜんぶのかず	○のかず	●のかず
○○○●○●○●●●	10	5	5
○○●●○●○○●	9		
●○●○●○●○			
●○○●●●			
		4	3

4 うえの だんの かずを したの だんの ふたつの かずに わけます。あいて いる ところに あう かずを かきましょう。（1つ3てん）

（1）

4	
2	

（2）

8	
	2

（3）

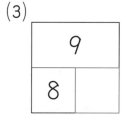

9	
8	

算数

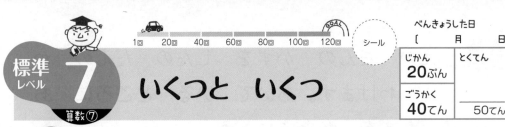

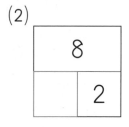

じかん 20ぷん	とくてん
ごうかく 35てん	50てん

上級 レベル **8** 算数⑧

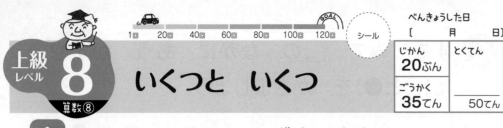

いくつと いくつ

1 うえと したの かずを あわせて 10に なるように せんで むすびましょう。（1つ2てん）

1	2	3	5	6	10
•	•	•	•	•	•
•	•	•	•	•	•
7	5	0	4	8	9

2 □の なかに かずを かきましょう。（1つ3てん）

(1) 1と 2で □ です。

(2) 3と □ で 8です。

(3) 4と 2と □ で 10です。

(4) □ と 7と 1で 9です。

(5) 9は 2と 3と □ です。

(6) 10は 3と □ と 4です。

3 うえの だんの かずを したの だんの かずに わけます。あいて いる ところに あう かずを かきましょう。（1つ3てん）

(1)

8	
4	

(2)

10	
4	

(3)

10	
	3

(4)

9		
1	2	

(5)

10		
3		1

4 したの えの かあどの かずが 3つ あわせて 10に なるように えらびます。えらんだ 3まいの かあどの かずを ちいさい かずから じゅんに □に かきましょう。（5てん）

7	3	4	2	8	5	6

□

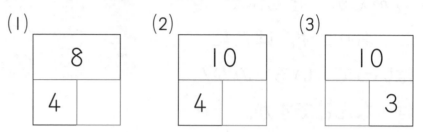

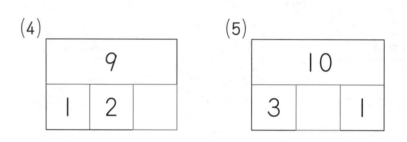

じかん 20ぷん	とくてん
ごうかく 40てん	50てん

標準レベル 9 たしざん(1)

算数⑨

1 あわせて いくつに なりますか。(1つ4てん)

(1)

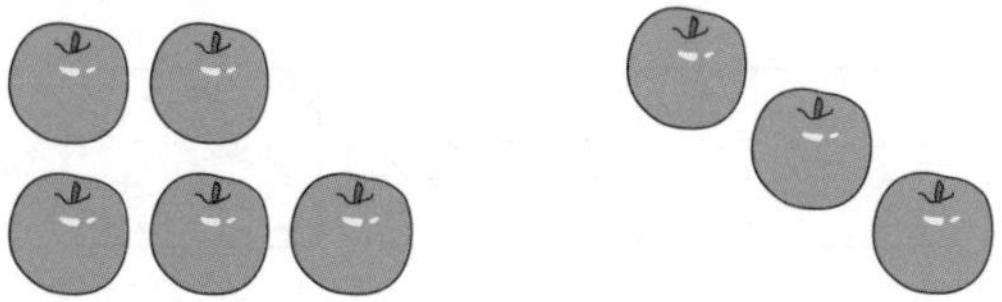

□ こ

(2)

□ ほん

(3)

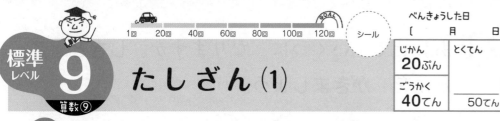

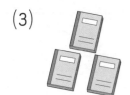

□ さつ

2 ふえると いくつに なりますか。(1つ3てん)

(1)

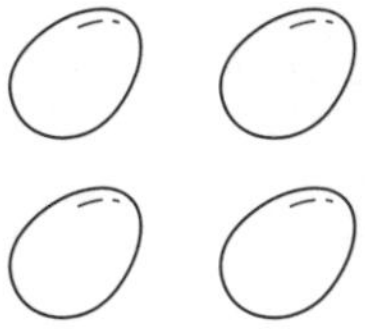

5こ かって きました。

□ こ

(2)

3わ とんで きました。

□ わ

3 えと あう たしざんの しきを せんで むすびましょう。(1つ4てん)

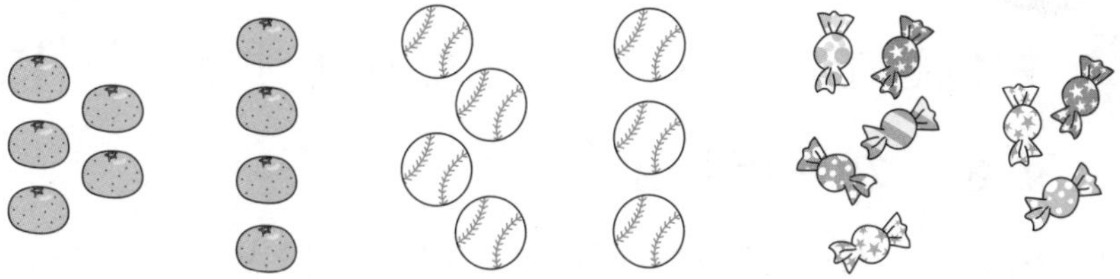

4+3	5+3	5+4	6+3

4 たしざんを しましょう。(1つ2てん)

(1) $4+2$　　(2) $3+5$

(3) $6+1$　　(4) $5+2$

(5) $4+0$　　(6) $0+7$

(7) $1+8$　　(8) $2+6$

(9) $3+3$　　(10) $4+1$

じかん 20ぷん	とくてん
ごうかく 35てん	50てん

上級レベル 10 たしざん(1)

算数⑩

1 あわせて　いくつに　なりますか。□に　かずを　かきましょう。(1つ3てん)

(1) わたしの　ほん　5さつと　おとうとの　ほん　3さつで　□　さつ

(2) あかい　たま　4こと　あおい　たま　6こで　□　こ

2 うんどうかいで　たまいれを　しました。ゆみさんは　4かい　なげて　2かい　はいりました。かなさんは　5かい　なげて　4かい　はいりました。**といに　こたえましょう。**(1つ4てん)

(1) ふたりで　なんかい　なげましたか。

□

(2) あわせて　なんかい　はいりましたか。

□

3 あわせて　いくつに　なりますか。**しきと　こたえを　かきましょう。**(1つ4てん)

(1)

(しき) □　(こたえ) □

(2)

(しき) □　(こたえ) □

(3)

(しき) □　(こたえ) □

4 **たしざんを　しましょう。**(1つ4てん)

(1) 1＋4　(2) 6＋4

(3) 5＋0　(4) 0＋10

(5) 5＋5　(6) 0＋0

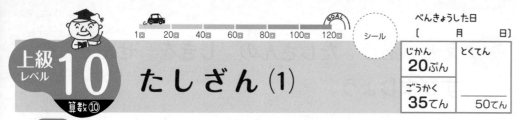

じかん	とくてん
20ぷん	
ごうかく	
40てん	50てん

標準レベル 11 ひきざん(1)

算数⑪

1 ちがいは　いくつに　なりますか。（1つ4てん）

(1)
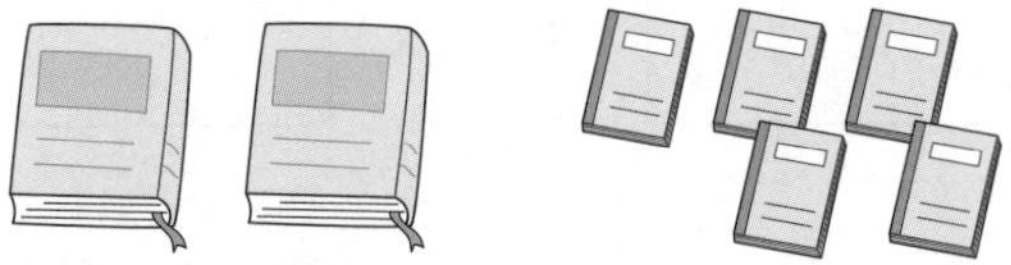
□ さつ

(2)

□ ほん

(3)

□ こ

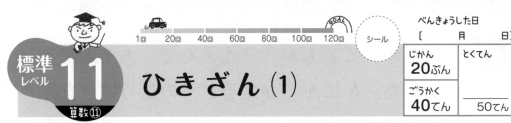

2 のこりは　いくつに　なりますか。（1つ3てん）

(1)

[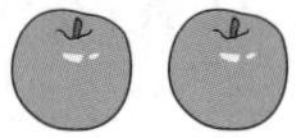]だけ　たべました。 □ こ

(2)

3わ　とんで　いきました。 □ わ

3 えと　あう　ひきざんの　しきを　せんで　むすびましょう。（1つ4てん）

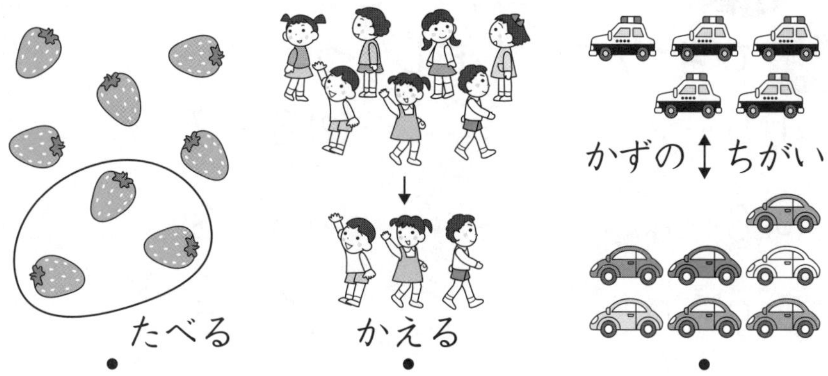

7−3	7−5	8−3	8−4

4 ひきざんを　しましょう。（1つ2てん）

(1) 5−4　　(2) 8−3

(3) 9−3　　(4) 2−1

(5) 4−0　　(6) 6−6

(7) 6−1　　(8) 7−2

(9) 8−5　　(10) 6−0

算数

じかん	とくてん
20ぷん	
ごうかく 35てん	50てん

上級レベル 12

ひきざん(1)

算数⑫

1 ひきざんを　しましょう。（1つ2てん）

(1) 5 − 2　　(2) 8 − 7

(3) 8 − 4　　(4) 5 − 3

(5) 9 − 0　　(6) 7 − 5

(7) 10 − 1　　(8) 10 − 9

2 〔　〕の　なかの　いちばん　おおきい　かずから　いちばん　ちいさい　かずを　ひくと　いくつですか。（1つ2てん）

(1)〔6　9　3〕　□

(2)〔7　3　6〕　□

3 □に　あう　かずを　かきましょう。（1つ3てん）

(1) 2 + □ = 5　　(2) 5 + □ = 7

(3) 5 − □ = 4　　(4) 8 − □ = 2

4 9にんの　こどもが　こうえんで　あそんでいました。4にん　かえると　のこりは　なんにんですか。（4てん）

（しき）□　（こたえ）□

5 おりがみが　9まい　あります。3まい　つかうと　のこりは　なんまいですか。（4てん）

（しき）□　（こたえ）□

6 くじびきで　ふみさんは　8かい　ひいて　2かい　あたり，ともさんは　9かい　ひいて　5かい　あたりました。といに　こたえましょう。（1つ5てん）

(1) ともさんは　ふみさんより　なんかい　おおくあたりましたか。

□

(2) くじが　はずれた　かいすうは　どちらが　なんかい　おおいですか。

□

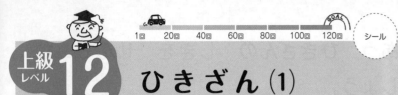

1回 20回 40回 60回 80回 100回 120回 GOAL

シール

べんきょうした日 〔 月 日〕

じかん	とくてん
20ぷん	
ごうかく 40てん	50てん

いろいろな　かたち

1 したの　つみきを　みて　こたえましょう。

（1つ3てん）

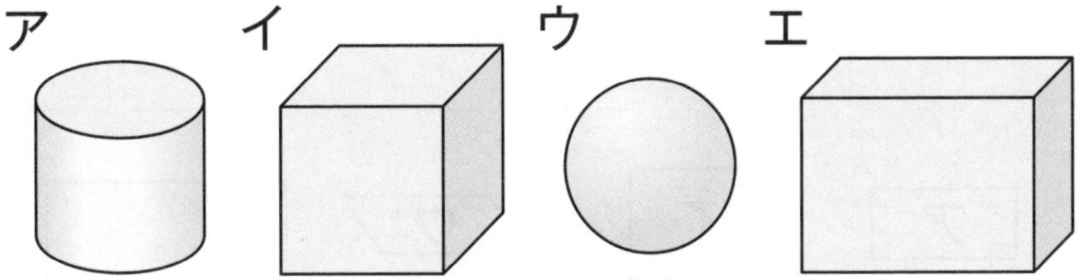

(1) ぼうるの　かたちは　どれですか。

(2) さいころの　かたちは　どれですか。

(3) つつの　かたちは　どれですか。

(4) ころがる　かたちを　ぜんぶ　えらびましょう。

(5) つみかさねる　ことが　できる　かたちを　ぜんぶ　えらびましょう。

2 あう　ものを　えらび　きごうを　かきましょう。

（1つ5てん）

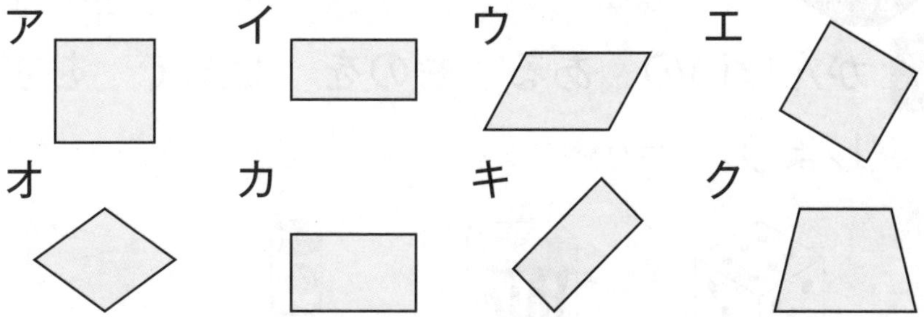

(1) ましかくの　なかま　(2つ)

(2) ながしかくの　なかま　(3つ)

3 ぴったり　かさなる　かたちを　せんで　むすびましょう。

（1つ5てん）

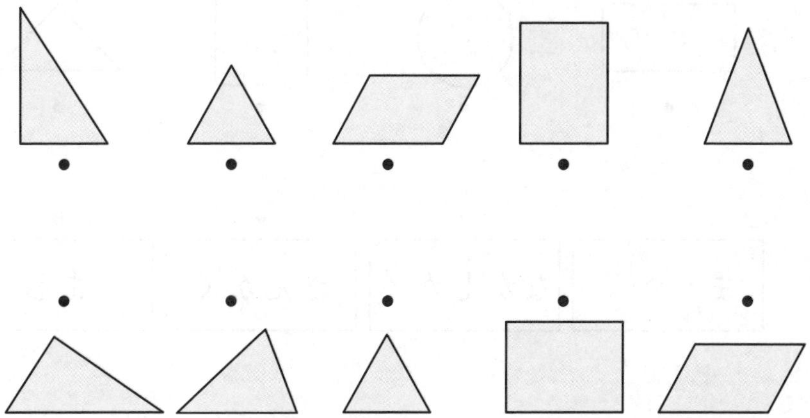

算数

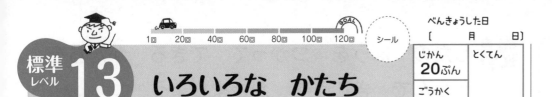

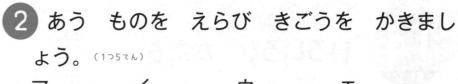

シール

べんきょうした日 〔　　月　　日〕

上級レベル 14 算数⑭

いろいろな　かたち

じかん 20ぷん	とくてん
ごうかく 35てん	50てん

1 かんけいの　ある　ものを　せんで　むすびましょう。（1つ2てん）

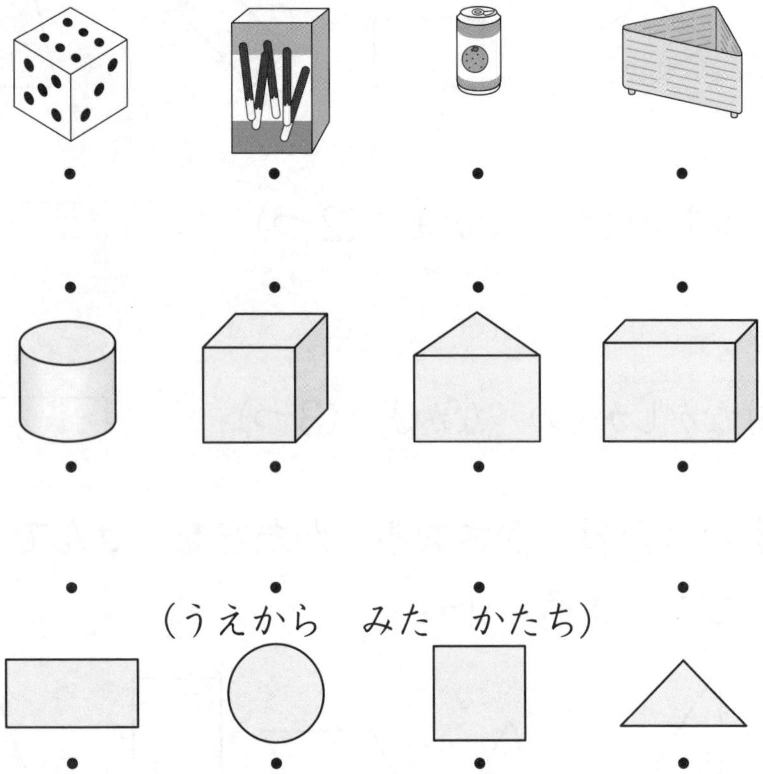

ましかく	ながしかく	さんかく	まる

2 したの　ぼうを　つかって　できる　かたちを　えらんで　きごうを　かきましょう。（□1つ4てん）

(1)　(2)　(3)

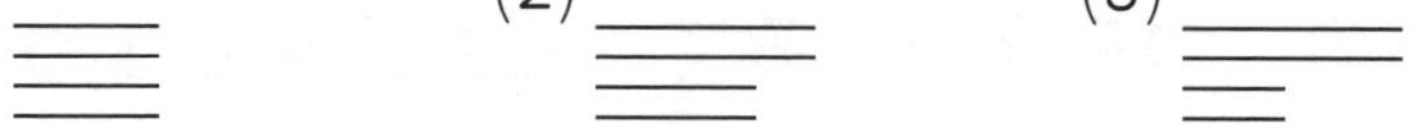

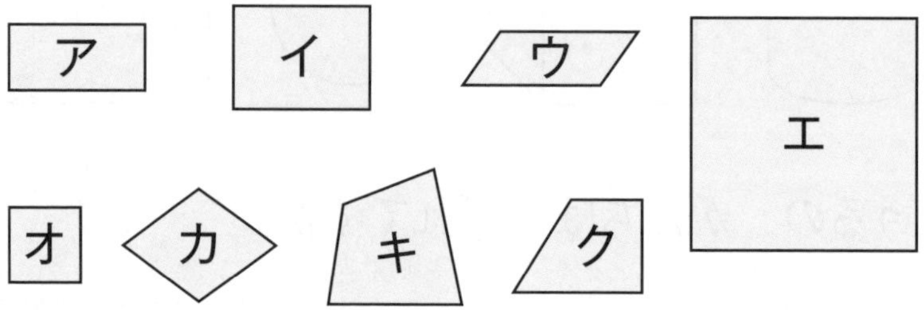

3 つみきの　かたちを　うつして　えを　かきました。つかった　つみきの　きごうを　ぜんぶ　かきましょう。（1つ3てん）

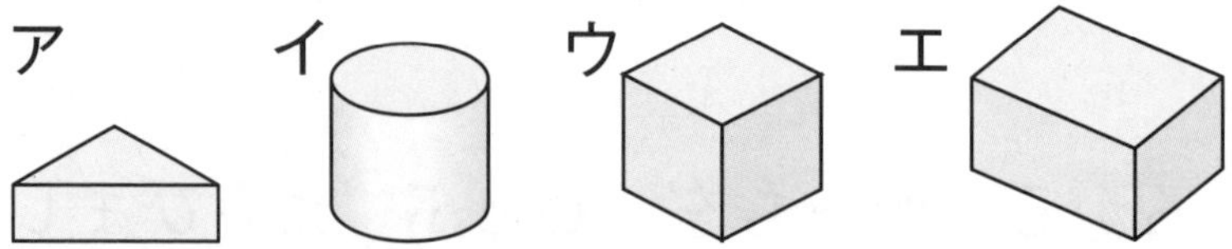

(1)

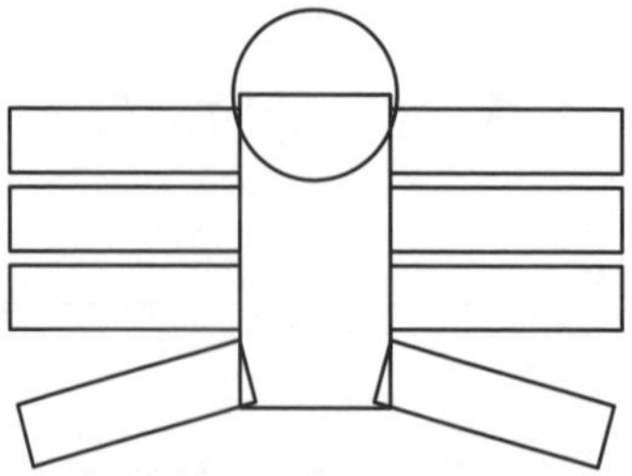

(2)

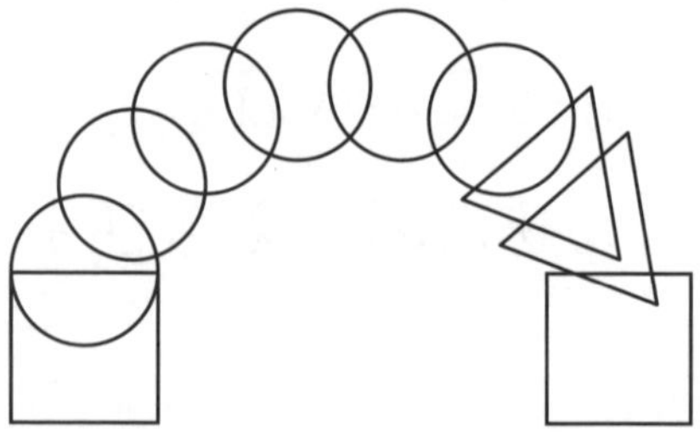

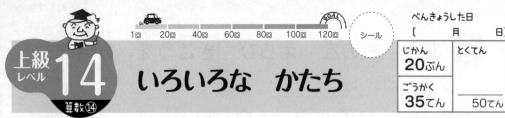

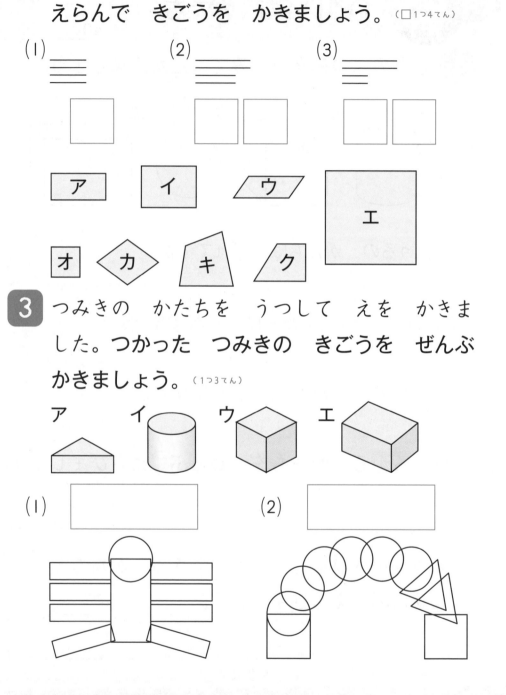

じかん 20ぷん	とくてん
ごうかく 40てん	50てん

標準レベル 15 20までの　かず

算数⑮

1 いくつ　ありますか。（1つ2てん）

(1)

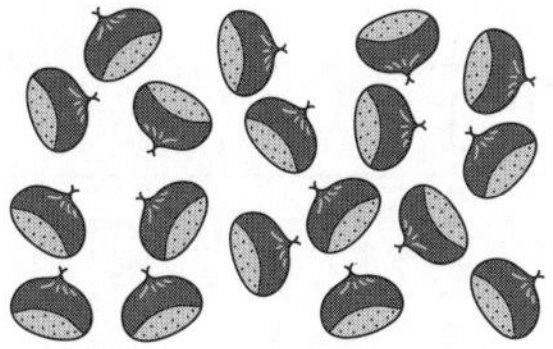

□ こ

(2)

□ ひき

2 おおい　ほうに　○を　つけましょう。（1つ3てん）

(1)

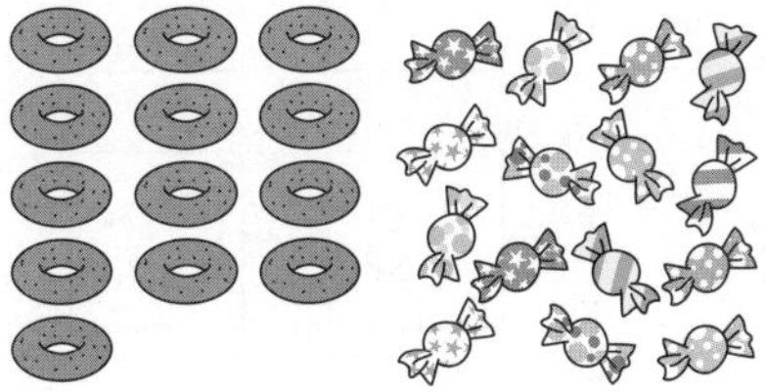

(　　)(　　)

(2)

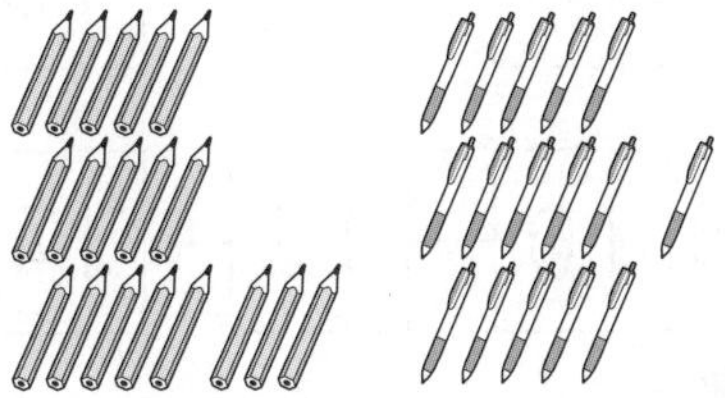

(　　)(　　)

3 おおきい　ほうの　かずに　○を　つけましょう。（1つ3てん）

(1)〔 12　14 〕　(2)〔 18　20 〕

(3)〔 20　12 〕　(4)〔 9　18 〕

4 いちばん　おおきい　かずと　いちばん　ちいさい　かずを　かきましょう。（1つ4てん）

(1)〔16, 14, 12, 20, 19〕

おおきい　かず □　ちいさい　かず □

(2)〔13, 18, 8, 11, 10, 9〕

おおきい　かず □　ちいさい　かず □

5 うえの　かずと　したの　かずを　あわせると　20に　なるように　せんで　むすびましょう。（1つ2てん）

18　11　7　15　12

13　5　9　12　8　2

6 つぎの　かずを　かきましょう。（1つ5てん）

(1) 16より　6　ちいさい　かず □

(2) 16より　4　おおきい　かず □

算数

1回　20回　40回　60回　80回　100回　120回　GOAL

シール

べんきょうした日
〔　　月　　日〕

じかん 20ぷん	とくてん
ごうかく 35てん	50てん

上級レベル 16
算数⑯

20までの　かず

1 すうじの　かずだけ　○が　●に　なるように　ぬりましょう。（1つ3てん）

(1) 16

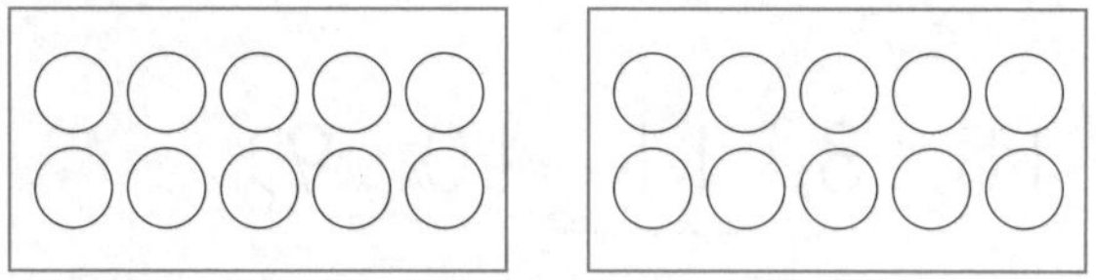

(2) 18

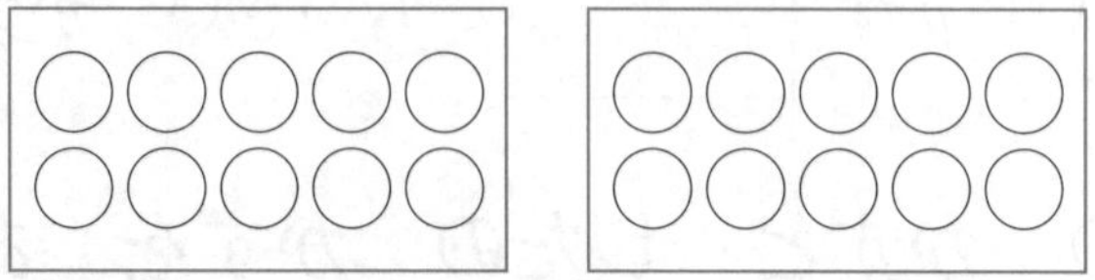

(3) 12

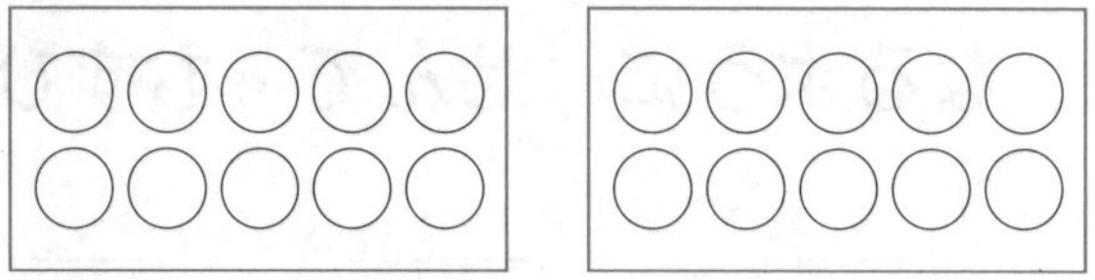

2 ふたつの　かずの　ちがいは　いくつですか。（1つ2てん）

(1)〔 15　17 〕（　　）

(2)〔 14　11 〕（　　）

(3)〔 20　18 〕（　　）

(4)〔 10　18 〕（　　）

(5)〔 10　20 〕（　　）

(6)〔 9　20 〕（　　）

3 つぎの　かずを　おおきい　ほうから　じゅんに　ならべましょう。（1つ4てん）

(1)〔 16, 19, 11, 10, 14 〕

□

(2)〔 18, 10, 9 , 15, 20 〕

□

4 □に　あう　かずを　かきましょう。（1つ3てん）

(1) 14 ― 15 ― □ ― 17 ― □ ― 19

(2) 15 ― □ ― 13 ― □ ― 11 ― □

(3) 10 ― 12 ― 14 ― □ ― 18 ― □

5 □に　あう　かずを　かきましょう。（1つ3てん）

(1) 16より　3　おおきい　かずは　□

(2) 16より　4　ちいさい　かずは　□

(3) 14より　□　おおきい　かずは　18

(4) □　より　2　おおきい　かずは　20

じかん 20ぷん	とくてん
ごうかく 40てん	50てん

標準レベル 17

算数⑰

ながさくらべ

1 ながい ほうに ○を つけましょう。（1つ4てん）

(1)

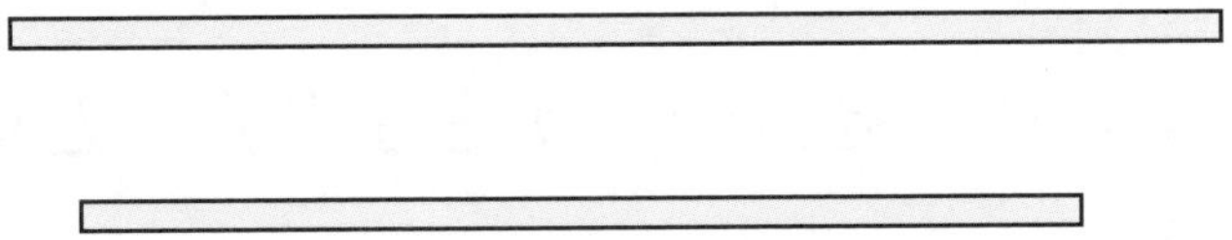

(2)

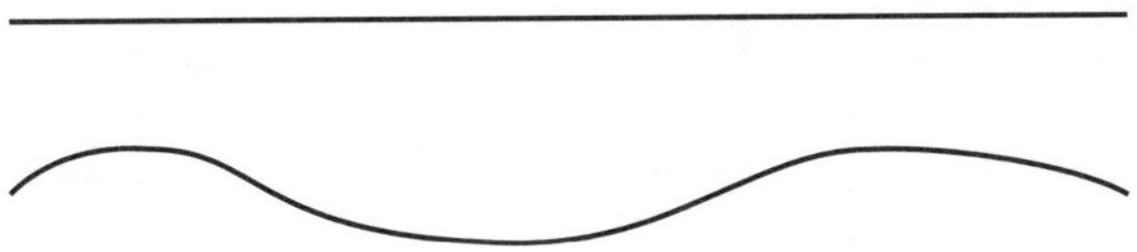

2 ながい じゅんに ばんごうを つけましょう。（1つ6てん）

(1)

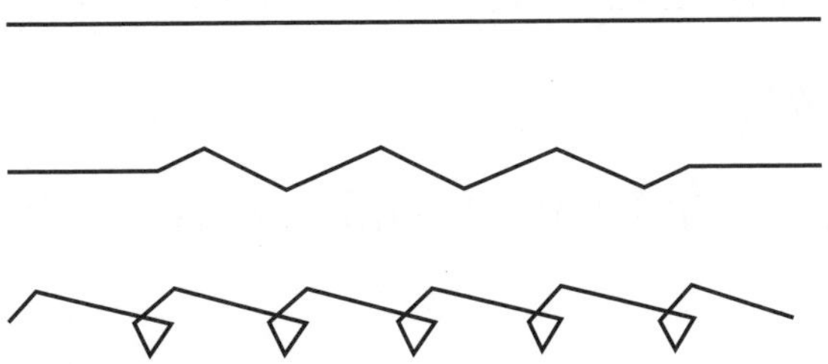

(2)

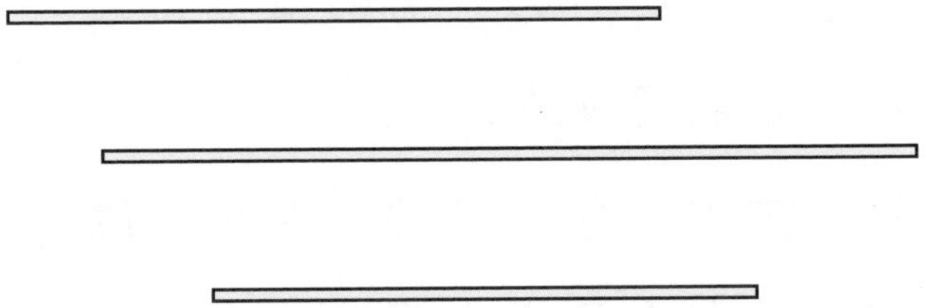

3 ずを みて こたえましょう。（1つ6てん）

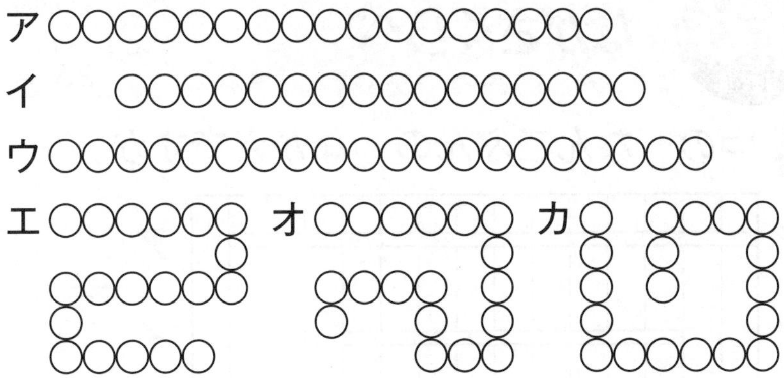

(1) アの ながさは ○ なんこぶんですか。

(2) いちばん ながい ものは どれですか。

(3) おなじ ながさの ものは どれと どれですか。

と

(4) カは イより ○ なんこぶん ながいですか。

(5) いちばん ながい ものと いちばん みじかい ものの ちがいは ○ なんこぶんですか。

算数

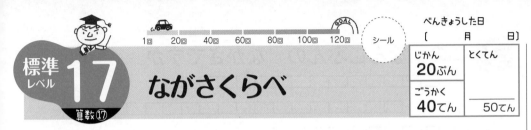

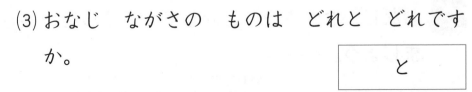

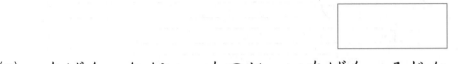

上級レベル 18 ながさくらべ

算数⑱

じかん 20ぷん	とくてん
ごうかく 35てん	50てん

1 □の なんこぶんの ながさですか。（1つ3てん）

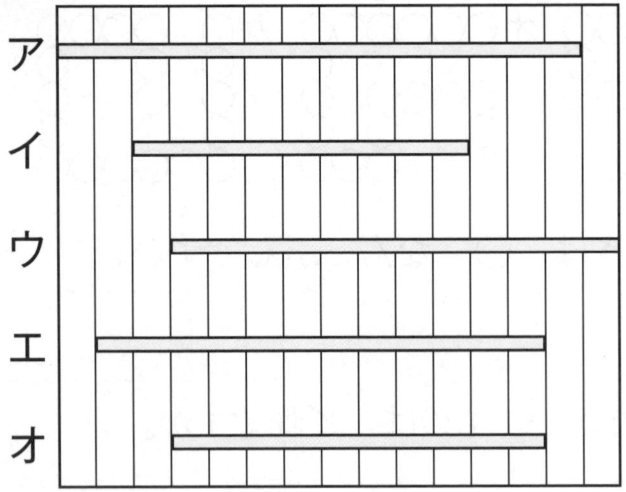

ア ［　　］
イ ［　　］
ウ ［　　］
エ ［　　］
オ ［　　］

2 おなじ ながさを さがして きごうを かきましょう。（1つ3てん）

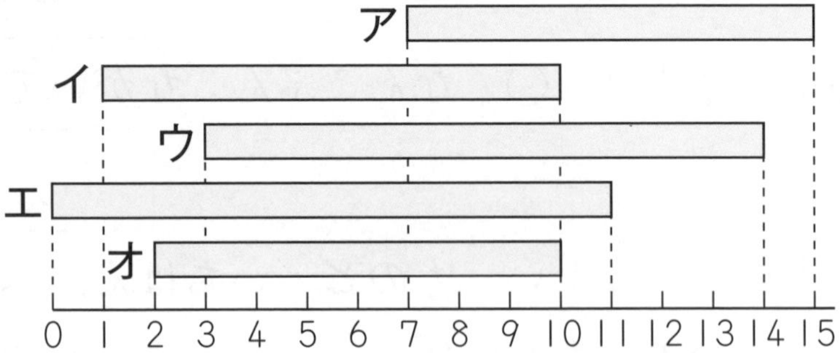

［　　と　　］ ［　　と　　］

3 □の なんこぶんの ながさですか。（1つ3てん）

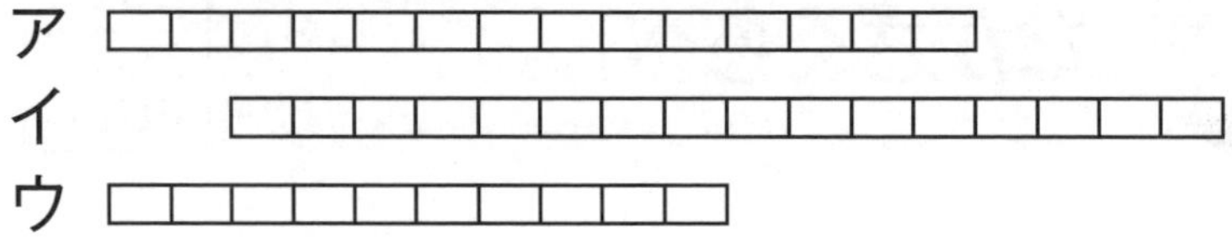

ア ［　　］ イ ［　　］ ウ ［　　］

4 ますめに せんを かきました。**といに こたえましょう。**（1つ5てん）

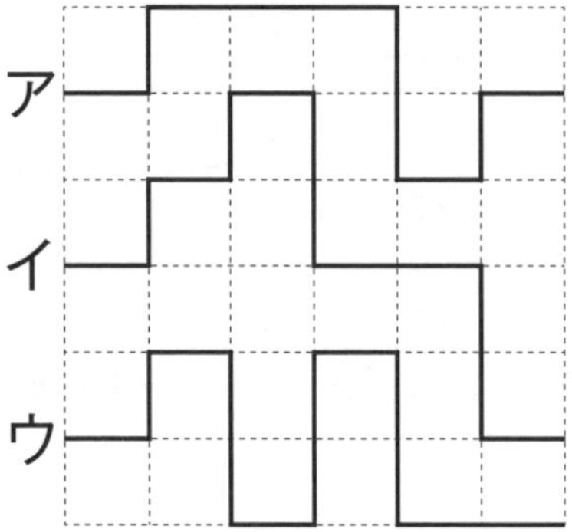

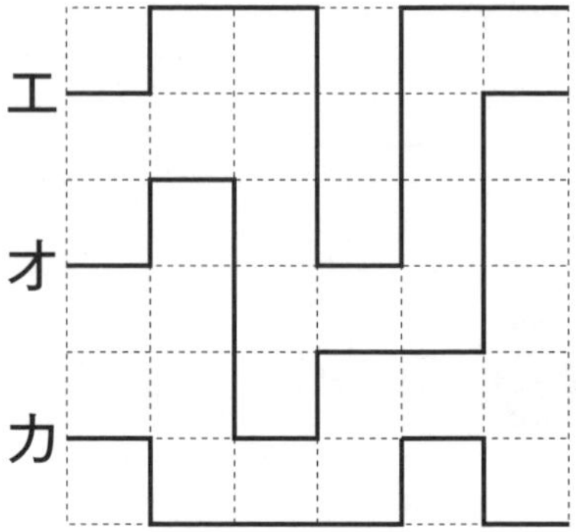

(1) **ア**の ながさは ますめ なんこぶんですか。 ［　　］

(2) いちばん ながい ものは どれですか。 ［　　］

(3) おなじ ながさの ものは どれと どれですか。 ［　　と　　］

(4) **イ**と **カ**の ながさの ちがいは ますめ なんこぶんですか。 ［　　］

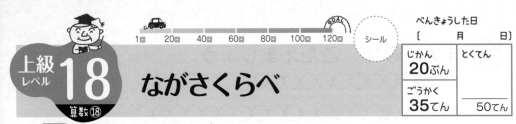

じかん 20ぷん	とくてん
ごうかく 40てん	50てん

標準レベル 19 たしざん(2)

算数⑲

1 □に はいる かずを かきましょう。（1つ4てん）

(1) 8＋5を けいさんします。

5を 2と □ に

わけます。

8と □ を あわせて 10

10に のこりの □ を

たして こたえは □

8 ＋ 5 ＝
□□
10

(2) 8 ＋ 7 ＝ □
□□
10

(3) 4 ＋ 9 ＝ □
□□
10

2 たしざんを しましょう。（1つ2てん）

(1) 7＋9　(2) 5＋8

(3) 9＋6　(4) 7＋7

3 たしざんを しましょう。（1つ3てん）

(1) 6＋5　(2) 3＋9

(3) 6＋6　(4) 6＋9

(5) 6＋8　(6) 9＋9

4 ふえると いくつに なりますか。（1つ4てん）

(1)

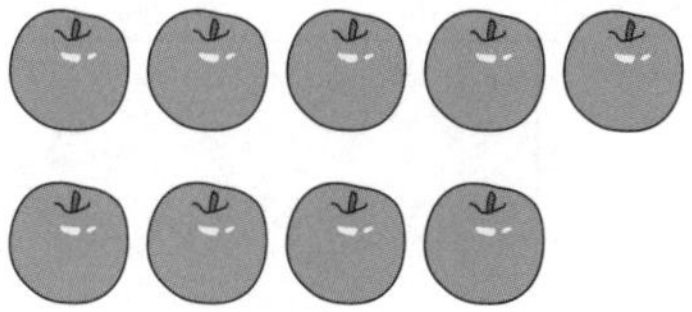

6こ かって きました。

□

(2)

5にん きました。

□

(3)

7ひき とんで きました。

□

算数

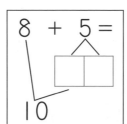

上級 レベル 20

たしざん(2)

算数⑳

じかん 20ぷん	とくてん
ごうかく 35てん	50てん

1 あわせて　いくつに　なりますか。しきと　こたえを　かきましょう。（1つ4てん）

(1)

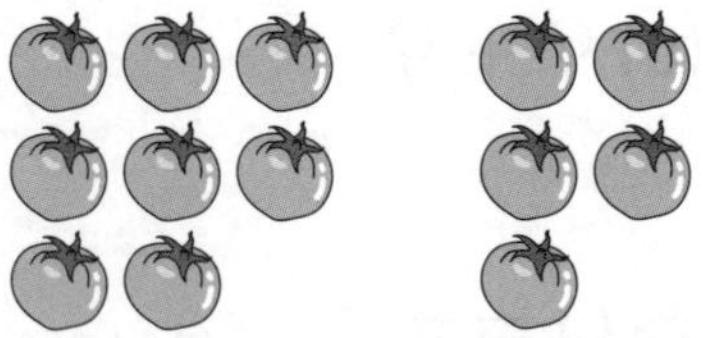

(しき)

(こたえ)　　こ

(2)

(しき)

(こたえ)　　ひき

(3)

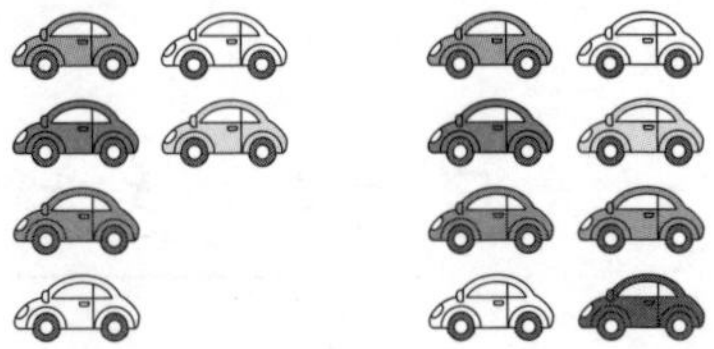

(しき)

(こたえ)　　だい

(4)

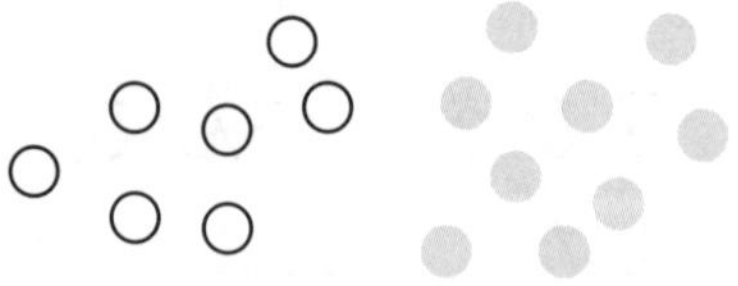

(しき)

(こたえ)　　こ

2 たしざんを　しましょう。（1つ3てん）

(1) 8＋6　　(2) 9＋9

(3) 10＋4　　(4) 7＋10

(5) 12＋4　　(6) 6＋11

3 えんぴつを　8ほん　もって　います。7ほん　もらうと　ぜんぶで　なんぼんに　なりますか。（6てん）

(しき)　　(こたえ)

4 こたえが　おなじに　なるものを　せんで　むすびましょう。（1つ2てん）

6+6	7+8	4+7	9+7	9+5
・	・	・	・	・
・	・	・	・	・
9+2	7+7	9+6	9+3	8+8

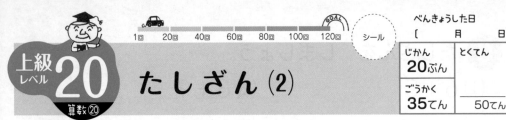

標準レベル 21 算数㉑

ひきざん (2)

じかん 20ぷん	とくてん
ごうかく 40てん	50てん

1 □に あう かずを かきましょう。(1つ4てん)

(1) 14－8 を けいさんします。

14 を 10と □ に わけます。

まず 10から 8を ひいて □

これに 4を たして

14－8 → 10－8＋4＝□

(2) 15－7 を けいさんします。

15－7 → 10－7＋□＝□

2 まえの かずを わけて ひきざんを します。□に かずを かきましょう。(1つ4てん)

(1) 13－6　10－6＋□＝□

(2) 14－5　10－□＋4＝□

(3) 12－8　10－□＋□＝□

3 □に あう かずを かきましょう。(1つ4てん)

(1) 14－9 を けいさんします。

9を 4と □ に わけます。

まず 14から 4を ひいて □

ここから のこりの □ を ひきます。

14－9 → 14－4－□＝□

(2) 15－8 を けいさんします。

15－8 → 15－5－□＝□

4 うしろの かずを わけて ひきざんを します。□に かずを かきましょう。(1つ4てん)

(1) 13－8　13－3－□＝□

(2) 12－5　12－□－3＝□

(3) 14－7　14－□－□＝□

5 ひきざんを しましょう。(1つ5てん)

(1) 17－9　　(2) 11－7

1回　20回　40回　60回　80回　100回　120回　GOAL

シール

べんきょうした日
〔　　月　　日〕

じかん 20ぷん	とくてん
ごうかく 35てん	50てん

上級レベル **22**

ひきざん（2）

算数㉒

1 ちがいは　いくつに　なりますか。**しきと　こたえを　かきましょう。**（1つ4てん）

（1）

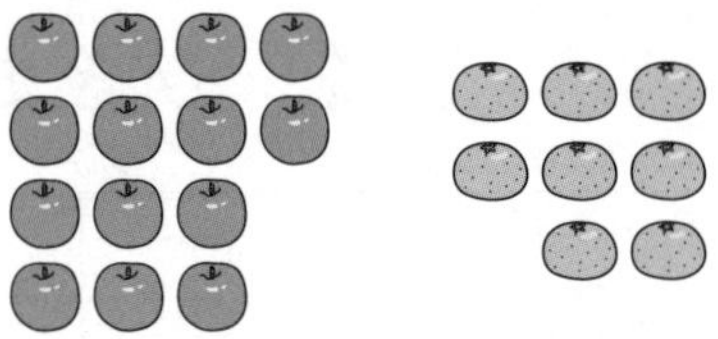

（しき）

（こたえ）　　こ

（2）

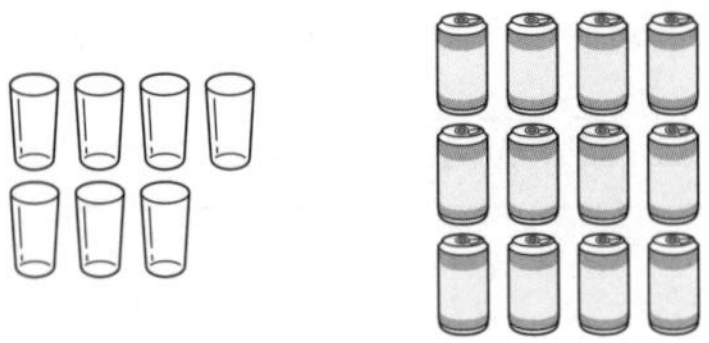

（しき）

（こたえ）　　こ

2 のこりは　いくつに　なりますか。**しきと　こたえを　かきましょう。**（1つ4てん）

（1）

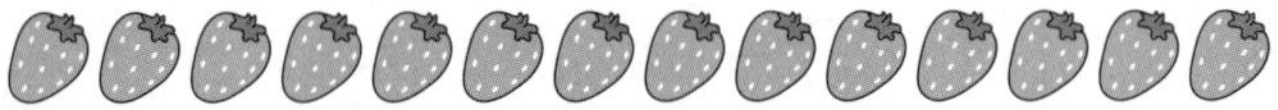

6こ　たべました。

（しき）　　　（こたえ）

（2）

5わ　とんで　いきました。

（しき）　　　（こたえ）

3 ひきざんを　しましょう。（1つ3てん）

（1）18－9　　（2）17－8

（3）16－8　　（4）12－4

（5）12－6　　（6）11－8

4 どんぐりが　16こ　あります。おとうとに　なんこか　あげると　のこりが　9こに　なりました。**なんこ　あげましたか。**（6てん）

（しき）　　　（こたえ）

5 **こたえが　おなじに　なるものを　せんで　むすびましょう。**（1つ2てん）

13－9　　15－8　　14－8　　12－7　　13－5

・　　・　　・　　・　　・

・　　・　　・　　・　　・

11－5　　17－9　　11－6　　12－8　　13－6

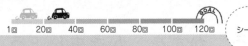

標準レベル 23 ひろさくらべ，かさくらべ

算数㉓

1 ひろい　ほうに　○を　つけましょう。（1つ5てん）

(1)

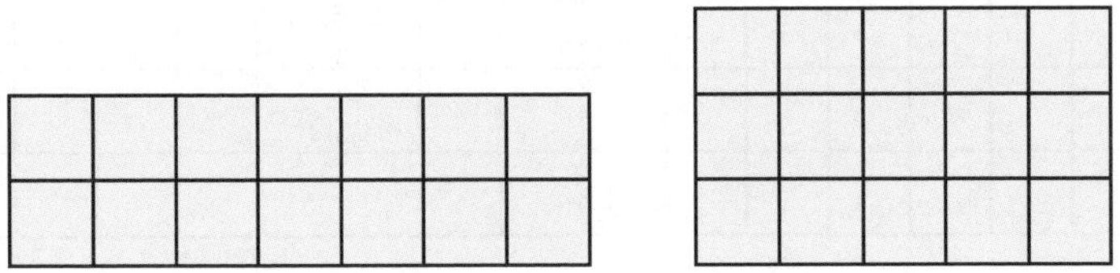

（　　）　（　　）

(2)

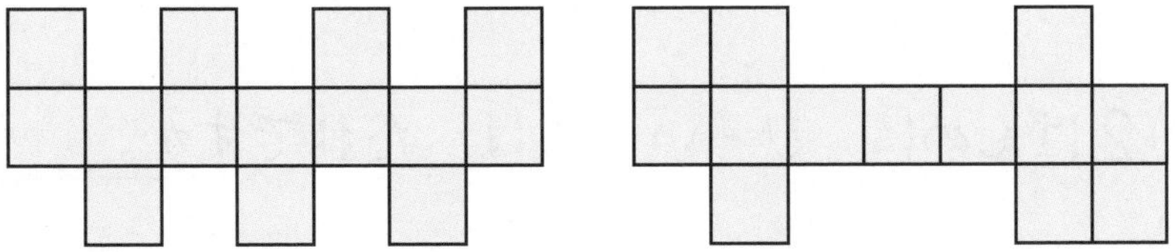

（　　）　（　　）

2 じんちとりを　しました。**どちらが　ひろいですか。**（1つ6てん）

(1)

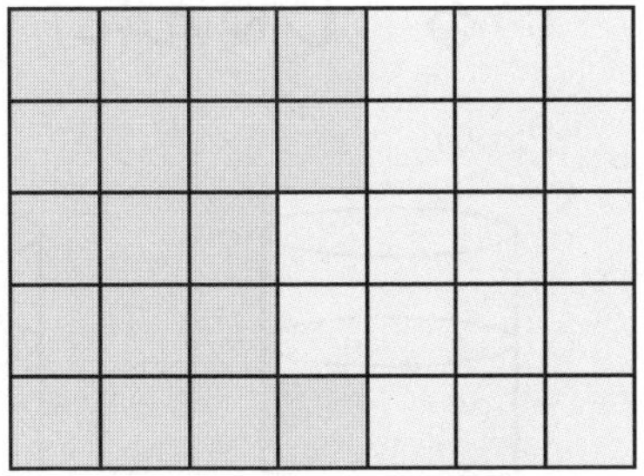

あや　さき

[　　　]

(2)

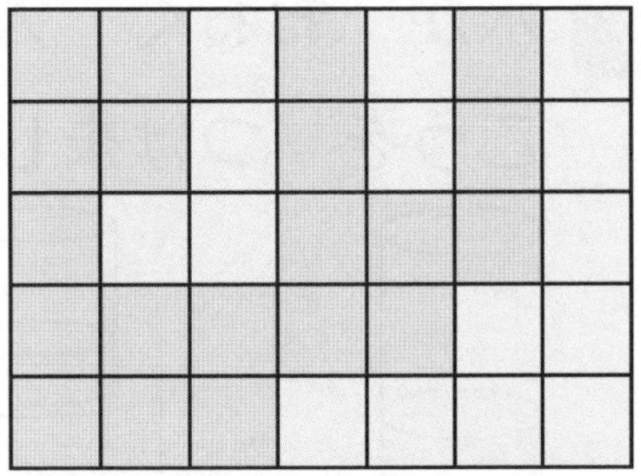

ひろと　なおと

[　　　]

3 いれものに　水《みず》が　こっぷ　なんばいぶん　入《はい》るかを　しらべました。**あう　ものを　きごうで　こたえましょう。**（1つ7てん）

ア

イ

ウ

エ

オ

カ

(1) いちばん　大《おお》きな　いれものは　[　　　]　です。

(2) アの　2つぶんと　おなじ　かさの　いれものは　[　　　]　です。

(3) イの　はんぶんと　おなじ　かさの　いれものは　[　　　]　です。

(4) アと　イを　あわせた　かさと　[　　と　　]　を　あわせた　かさは　おなじです。

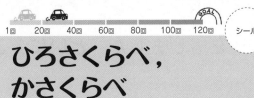

シール

べんきょうした日 〔　　月　　日〕

じかん 20ぷん	とくてん
ごうかく 35てん	50てん

上級レベル 24 ひろさくらべ，かさくらべ

算数㉔

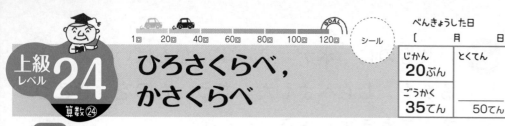

1 △の　いたを　つかって　つぎの　かたちを　つくります。**なんまい　つかいますか。**（1つ4てん）

(1)　(2)　(3)

2 ◺の　いたを　つかって　かたちを　つくります。□に　あう　かずや　きごうを　かきましょう。（1つ4てん）

ア　イ　ウ　エ

(1) アは □ まい　つかいます。

(2) イは □ まい　つかいます。

(3) いちばん　ひろいのは □ です。

(4) エは □ まい　つかいます。

3 じんちとりを　しました。**といに　こたえましょう。**（1つ5てん）

さとし　かえで　あすか　ともき

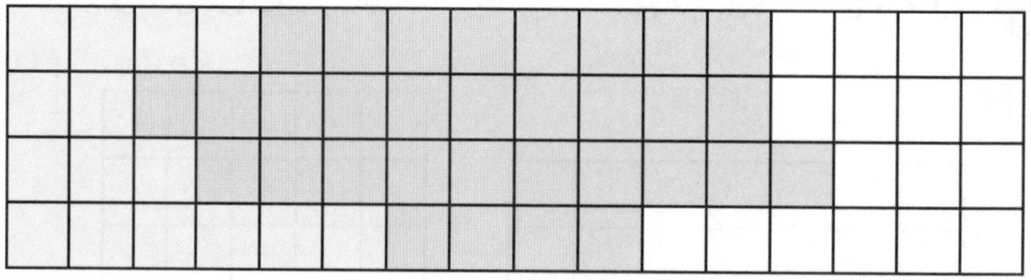

(1) さとしさんは　いくつ　とりましたか。

(2) 2ばんめに　ひろい　人《ひと》は　だれですか。

(3) いちばん　ひろい　人と　いちばん　せまい　人の　ちがいは　いくつですか。

4 水《みず》が　おおく　入《はい》って　いる　じゅんに　ばんごうを　つけましょう。（7てん）

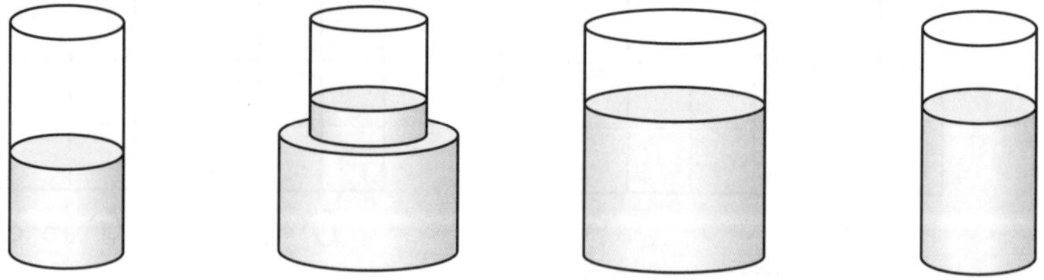

(　　)　(　　)　(　　)　(　　)

シール

べんきょうした日 〔　月　日〕

じかん 20ぷん	とくてん
ごうかく 40てん	50てん

標準レベル 25 たしざんと ひきざん (1)

算数㉕

1 けいさんを　しましょう。(1つ2てん)

(1) 2＋9　(2) 8＋4

(3) 7＋6　(4) 16－9

(5) 9＋4　(6) 11－3

(7) 13－7　(8) 7＋8

(9) 12＋5　(10) 18－4

2 □に　あう　かずを　かきましょう。(1つ2てん)

(1) 7＋□＝11　(2) 6＋□＝11

(3) 14－□＝7　(4) 17－□＝9

(5) □＋6＝14　(6) □－4＝8

3 左《ひだり》の　かずと　上《うえ》の　だんの　かずを　たしましょう。(1つ1てん)

	6	9	5	8	10
8					

4 左の　かずから　上の　だんの　かずを　ひきましょう。(1つ1てん)

	5	8	9	4	10
14					

5 みかんが　5こと　りんごが　7こ　あります。ぜんぶで　なんこですか。(4てん)

(しき) □　(こたえ) □

6 くりが　15こ　あります。6こ　たべると　のこりは　なんこですか。(4てん)

(しき) □　(こたえ) □

算数

シール

べんきょうした日
〔　　月　　日〕

じかん 20ぷん	とくてん
ごうかく 35てん	50てん

上級レベル 26 たしざんと ひきざん (1)

算数㉖

1 けいさんを しましょう。(1つ1てん)

(1) 3＋8　　(2) 15－7

(3) 12＋4　　(4) 16－6

(5) 15－3　　(6) 7＋5

(7) 10＋8　　(8) 12－3

(9) 17－17　　(10) 13－5

(11) 14－6　　(12) 8＋9

(13) 0＋12　　(14) 9＋5

2 左《ひだり》の かずと 上《うえ》の だんの かずを たしましょう。(1つ2てん)

	9	4	11	3	10
7					

3 左の かずから 上の だんの かずを ひきましょう。(1つ2てん)

	8	10	5	9	16
16					

4 □に あう かずを かきましょう。(1つ2てん)

(1) 8＋□＝16　　(2) 15－□＝6

(3) □＋6＝19　　(4) □－4＝9

(5) 14－□＝11　　(6) 17－□＝10

5 いもほりを しました。わたしは 7こ ほりました。あには わたしより 4こ おおく ほりました。**といに こたえましょう。**(1つ2てん)

(1) あには なんこ ほりましたか。

□

(2) ぜんぶで なんこ ほりましたか。

□

標準レベル 27 せいりの　しかた

じかん	とくてん
20ぷん	
ごうかく 40てん	50てん

1 えと　おなじ　かずだけ　○に　いろを　ぬりましょう。（1つ5てん）

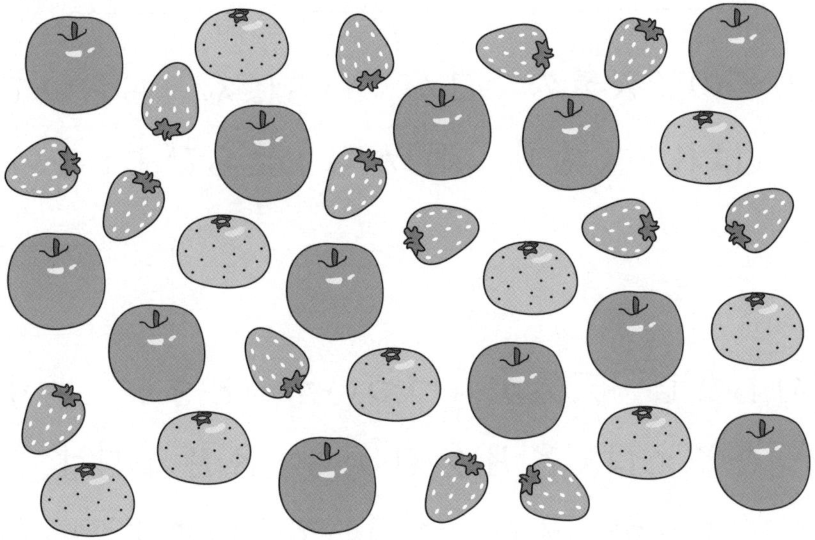

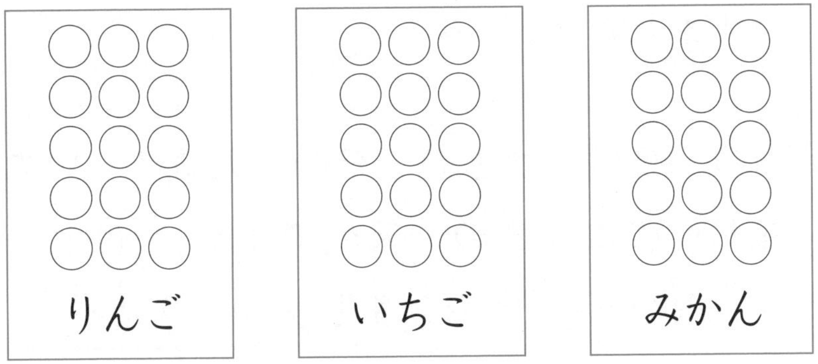

2 下《した》の　えを　見《み》て　こたえましょう。

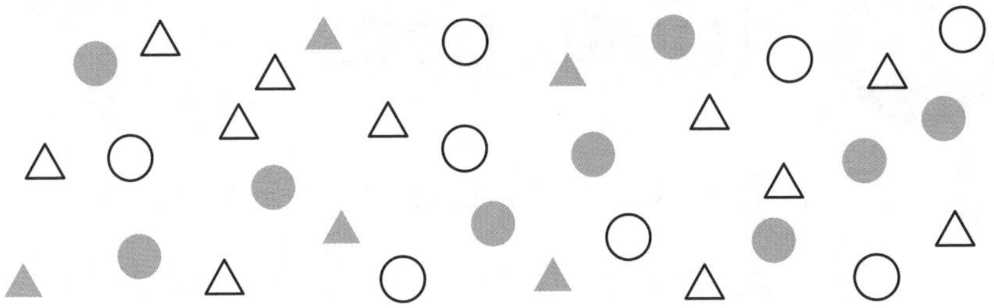

(1) ○の　かずを　かぞえて　えと　おなじ　かずだけ　いろを　ぬりました。

●と　△と　▲に　ついて　えと　おなじ　かずだけ　いろを　ぬりましょう。（1つ5てん）

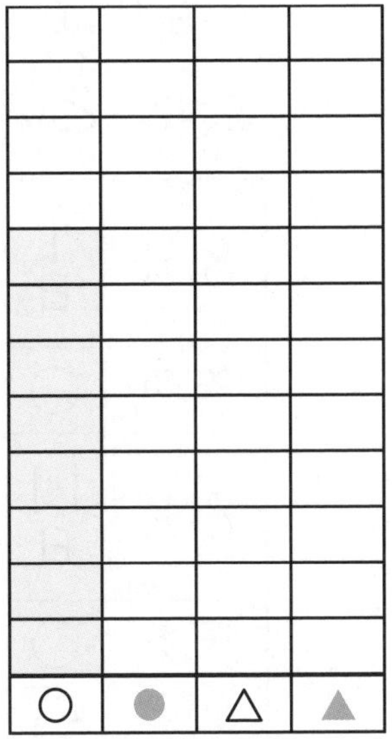

(2) かずが　2ばんめに　おおい　かたちを　えらんで　□で　かこみましょう。（10てん）

（○　●　△　▲）

(3) いちばん　おおい　かたちと　いちばん　すくない　かたちの　かずの　ちがいは　いくつですか。（10てん）

□

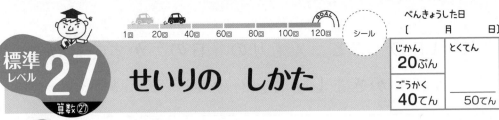

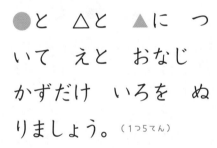

上級 レベル 28

せいりの　しかた

じかん 20ぷん	とくてん
ごうかく 35てん	50てん

1 8月《がつ》｜日から　30日《にち》まで　まいにちの　おひるの　天気《てんき》を　しらべました。はれは　○で　くもりは　◎で　雨《あめ》は　●で　あらわして　います。**といに　こたえましょう。**

8月	1日	2日	3日	4日	5日	6日	7日	8日	9日	10日
天気	○	◎	◎	◎	○	◎	●	●	◎	○
8月	11日	12日	13日	14日	15日	16日	17日	18日	19日	20日
天気	○	○	●	○	○	○	○	○	○	◎
8月	21日	22日	23日	24日	25日	26日	27日	28日	29日	30日
天気	◎	○	○	○	●	◎	●	●	●	○

(1) 8月21日の　天気は　なんですか。〔はれ　くもり　雨〕から　えらびましょう。（7てん）

(2) はれの　日《ひ》と　くもりの　日の　かずを　ひょうに　かきましょう。（1つ10てん）

天気	はれ	くもり	雨
にっすう			7

(3) どの　天気の　日が　いちばん　おおいですか。〔はれ　くもり　雨〕から　えらびましょう。（7てん）

(4) おなじ　天気が　つづいた　ときが　あります。たとえば　8月2日から　8月4日までは　くもりが　3日　つづいて　います。いちばん　ながい　ときは　なん日　おなじ　天気が　つづきましたか。（8てん）

(5) 雨の　日の　つぎの　日の　天気で　いちばん　おおいのは　どの　天気ですか。〔はれ　くもり　雨〕から　えらびましょう。（8てん）

標準レベル 29 20より 大きい かず

算数㉙

じかん 20ぷん	とくてん
ごうかく 40てん	50てん

1 いくつ ありますか。（1つ5てん）

(1)

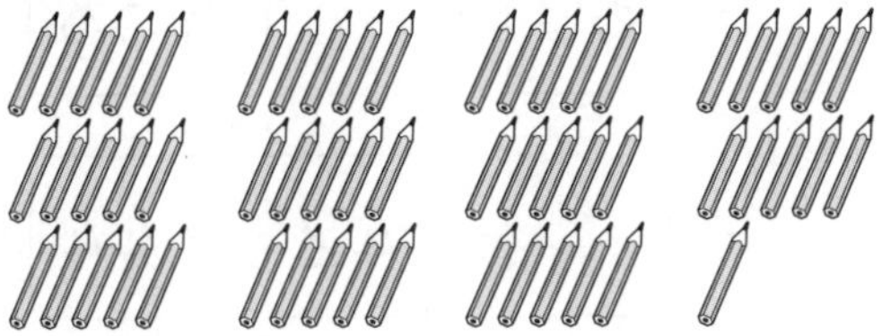

□ 本《ぽん》

(2)

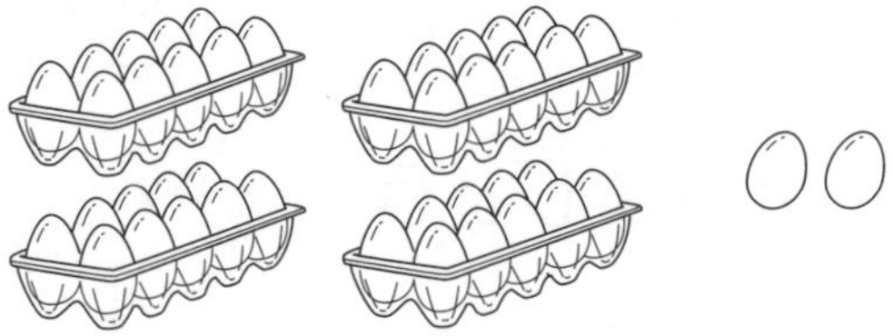

□ こ

2 いくら ありますか。（1つ5てん）

(1)

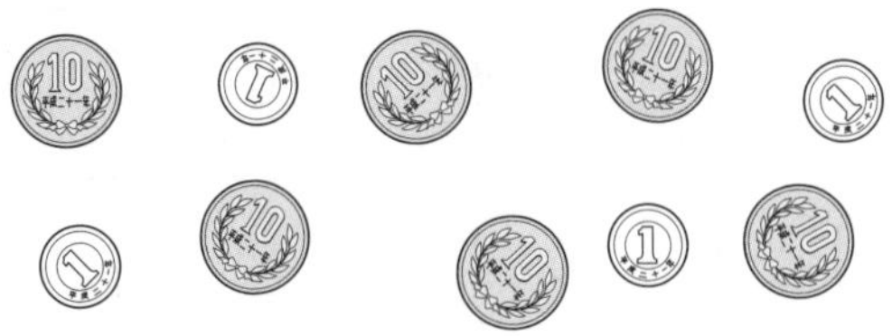

□ 円《えん》

(2)

□ 円

3 大《おお》きい ほうの かずに ○を つけましょう。（1つ2てん）

(1)〔 85, 65 〕　(2)〔 36, 40 〕

(3)〔 88, 80 〕　(4)〔 100, 55 〕

4 大きい じゅんに ならべましょう。（1つ5てん）

(1) 57, 87, 77, 47

□

(2) 64, 60, 70, 57

□

5 □に あう かずを かきましょう。（1つ4てん）

(1) 10が 3こと 1が 3こで □ です。

(2) 10が 6こと 1が □ こで 70です。

(3) 10が □ こと 1が 14こで 44です。

算数

上級レベル 30 20より 大きい かず

算数㉚

じかん 20ぷん	とくてん
ごうかく 35てん	50てん

1 なんこ ありますか。（1つ4てん）

(1)

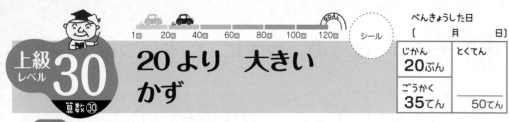

(2)

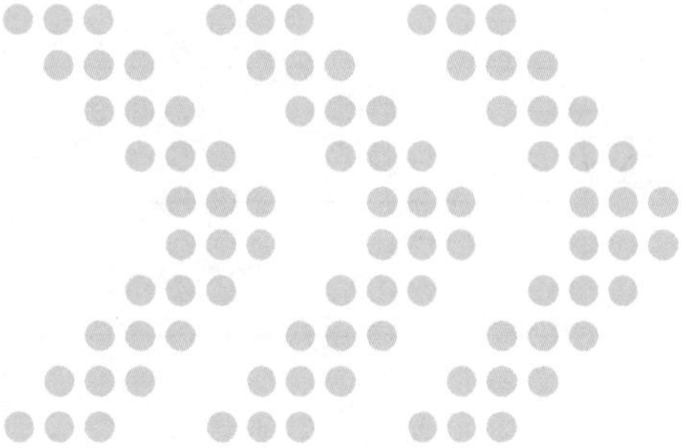

2 2つの かずの ちがいを すうじで かきましょう。（1つ3てん）

(1) (34, 37)
( )

(2) (46, 40)
( )

(3) (71, 51)
( )

(4) (50, 48)
( )

3 □に あう かずを かきましょう。（1つ3てん）

(1)	46	47		49		51
(2)	63		61	60		58
(3)	34	36			42	44
(4)	75	73	71			65

4 つぎの かずを かきましょう。（1つ3てん）

(1) 52より 6 大《おお》きい かず

(2) 77より 4 小《ちい》さい かず

(3) 36より 10 大きい かず

(4) 62より 12 小さい かず

(5) 28と 34の あいだで ちょうど まん中《なか》の かず

(6) 40と 60の あいだで ちょうど まん中の かず

1回 20回 40回 60回 80回 100回 120回 GOAL

シール

べんきょうした日
〔　　月　　日〕

じかん 20ぷん	とくてん
ごうかく 40てん	50てん

標準レベル 31 たしざんと ひきざん (2)

算数㉛

1 □に 入《はい》る かずを かきましょう。（1つ1てん）

(1) 20＋4＝□

⑩⑩＋①①①①

(2) 22＋4＝□

⑩⑩　①①＋①①①①

(3) 34－3＝□

⑩⑩⑩　①①①①－①①①

(4) 42－2＝□

⑩⑩⑩⑩　①①－①①

(5) 40＋20＝□

⑩⑩⑩⑩＋⑩⑩

(6) 70－40＝□

⑩⑩⑩⑩⑩⑩⑩－⑩⑩⑩⑩

2 けいさんを しましょう。（1つ3てん）

(1) 40＋6　　(2) 35＋4

(3) 76－4　　(4) 78－8

(5) 20＋30　　(6) 60－30

(7) 88－6　　(8) 2＋47

(9) 5＋70　　(10) 80－10

3 左《ひだり》の かずと 上《うえ》の だんの かずを たしましょう。（1つ1てん）

	4	7	0	6	10
30	34				
52					

4 左の かずから 上の だんの かずを ひきましょう。（1つ1てん）

	3	8	5	6	10
48					

算数

たしざんと ひきざん(2)

1 けいさんを　しましょう。（1つ1てん）

(1) 34＋4　　(2) 63－3

(3) 66－5　　(4) 30＋8

(5) 70－60　　(6) 65＋4

(7) 20＋70　　(8) 52＋6

(9) 99－9　　(10) 100－40

2 けいさんを　しましょう。（1つ2てん）

(1) 7＋6　　(2) 13＋4

(3) 17－9　　(4) 48－10

(5) 26＋3　　(6) 106＋3

(7) 86－4　　(8) 115＋3

3

一年生《いちねんせい》　ぜんいんで　かけっこを　しました。3ばんめに　ゴールした　たかしさんより　あとに　55人《にん》が　ゴールしました。**一年生は　ぜんいんで　なん人ですか。**（3てん）

（しき）□　　（こたえ）□

4

1くみの　こどもに　ひとり　1本《ぽん》ずつ　えんぴつを　くばると　3本《ぼん》　のこりました。よういした　えんぴつは　34本《ほん》です。**1くみの　こどもは　なん人ですか。**（3てん）

（しき）□　　（こたえ）□

5 □に　あう　かずを　かきましょう。（1つ3てん）

(1) 32＋□＝39　　(2) 48－□＝44

(3) □＋5＝55　　(4) □－6＝80

(5) 40＋□＝80　　(6) 100－□＝60

シール

べんきょうした日
〔　　月　　日〕

じかん 20ぷん	とくてん
ごうかく 40てん	50てん

標準レベル 33 3つの かずの けいさん

算数㉝

1 たしざんを しましょう。（1つ1てん）

(1) $1+4+2$　　(2) $3+3+4$

(3) $5+5+6$　　(4) $6+4+8$

(5) $2+9+6$　　(6) $8+7+4$

(7) $10+5+3$　　(8) $4+13+2$

(9) $2+23+3$　　(10) $30+10+40$

2 けいさんを しましょう。（1つ2てん）

(1) $9-3-2$　　(2) $8-5+7$

(3) $19-5-2$　　(4) $17-6-8$

(5) $15-7-5$　　(6) $11-8+5$

(7) $14-9+7$　　(8) $8+4-6$

(9) $10+4-8$　　(10) $12+5-3$

3 かごに みかん 6こと なし 5こと りんご 7こが 入《はい》って います。ぜんぶで なんこ ありますか。（4てん）

（しき）　　　　（こたえ）

4 バスに 14人《にん》 のって います。えきまえで 7人 おりて 10人 のって きました。いま なん人 のって いますか。（4てん）

（しき）　　　　（こたえ）

5 □に あう かずを かきましょう。（1つ3てん）

(1) $3+4+\square=10$

(2) $7+\square+4=16$

(3) $10-3-\square=2$

(4) $16-\square-4=4$

算数

1回 20回 40回 60回 80回 100回 120回 GOAL

シール

べんきょうした日〔　　月　　日〕

じかん	とくてん
20ぷん	
ごうかく 35てん	50てん

上級レベル 34 3つの かずの けいさん

算数㉞

1 けいさんを しましょう。(1つ1てん)

(1) 6＋6＋6　　(2) 5＋5＋5

(3) 7＋7＋3　　(4) 12－4＋4

(5) 14－5－5　　(6) 11－3＋7

(7) 8＋8－10　　(8) 9＋9－9

(9) 7－4＋11　　(10) 12－8＋14

2 けいさんを しましょう。(1つ2てん)

(1) 40＋5－3　　(2) 7＋72－4

(3) 53－2＋7　　(4) 39－3－6

(5) 50＋30＋10　　(6) 30＋40＋30

(7) 44＋4－8　　(8) 8＋20－5

(9) 13－9－4　　(10) 88－8＋20

3

かぶと虫《むし》を とりに いきました。わたしは 7ひき とり あには わたしより 4ひき おおく とりました。**ぜんぶで なんびき とりましたか。**(5てん)

(しき)□　　(こたえ)□

4

くりが 16こ あります。ゆみさんが 8こ いもうとが 6こ たべました。**なんこ のこって いますか。**(5てん)

(しき)□　　(こたえ)□

5 □に あう かずを かきましょう。(1つ2てん)

(1) 15－6－□＝2

(2) 8＋□－6＝11

(3) 14＋5－□＝13

(4) 12－□＋14＝19

(5) □－9＋7＝10

標準レベル 35 とけい

じかん	とくてん
20ぷん	
ごうかく 40てん	50てん

1 とけいを よみましょう。(1つ2てん)

(1)

(　　　　)

(2)

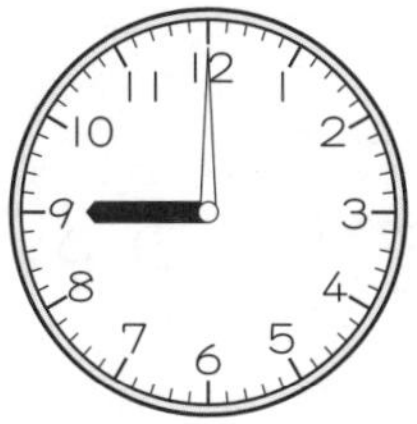

(　　　　)

(3)

(　　　　)

(4)

(　　　　)

(5)

(　　　　)

(6)

(　　　　)

2 3じ から 6じ までに とけいの ながい はりは なんかい まわりますか。(5てん)

[　　　　]

3 とけいの ながい ほうの はりを かき入《い》れ ましょう。(1つ3てん)

(1)

〔3 じ〕

(2)

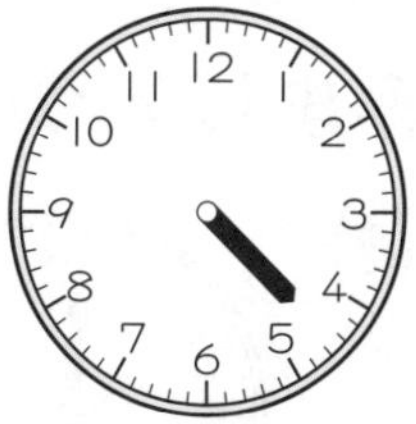

〔4 じはん〕

(3)

〔10 じ 20 ぷん〕

4 はりを かき入れましょう。(1つ4てん)

(1)

〔7 じ〕

(2)

〔11 じはん〕

(3)

〔5 じ 45 ふん〕

5 なんじなんぷん ですか。(1つ4てん)

(1) 2 じの 5 ふん まえ

[　　　　]

(2) 7 じの 10 ぷん まえ

[　　　　]

(3) 3 じから 15 ふん あと

[　　　　]

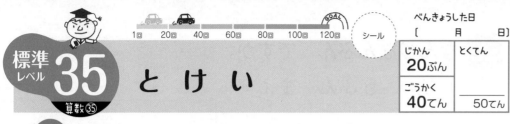

上級レベル 36 とけい

算数㊱

じかん 20ぷん	とくてん
ごうかく 35てん	50てん

1 とけいを　よみましょう。（1つ3てん）

(1)

(2)
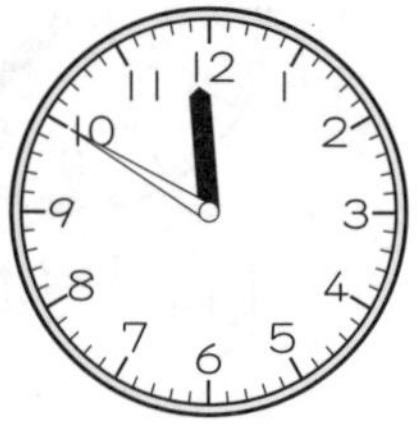
(3)

（　　　　）（　　　　）（　　　　）

2 とけいの　ながい　ほうの　はりを　かき入《い》れましょう。（1つ3てん）

(1)

〔3じ 20ぷん〕

(2)

〔7じ 15ふん〕

(3)

〔10じ 38ふん〕

3 とけいの　はりを　かき入れましょう。（1つ4てん）

(1)

〔6じはん〕

(2)

〔1じ 40ぷん〕

(3)

〔10じ 12ふん〕

4 なんじなんぷん　ですか。（1つ4てん）

(1) 1じの　5ふん　まえ

(2) 4じと　5じの　まん中《なか》

(3) 10じはん　から　5ふん　あと

5 ゆうえんちに　いきました。なんじかん　いましたか。（4てん）

〔ついたとき〕〔かえるとき〕

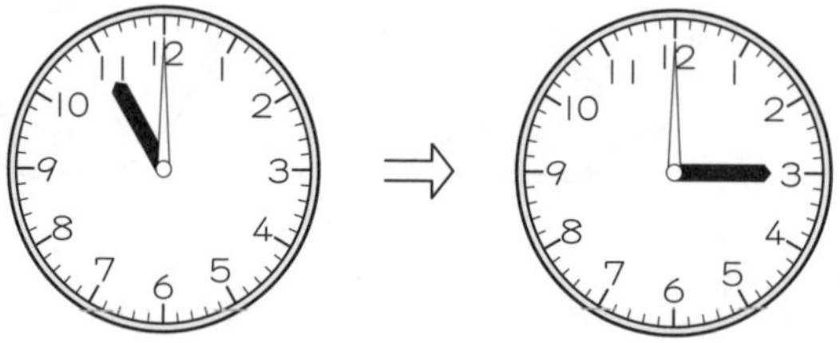

6 3じ 30ぷんに　本《ほん》を　よみはじめて　よむのに　2じかん　かかりました。よみおわったのは　なんじなんぷん　ですか。（4てん）

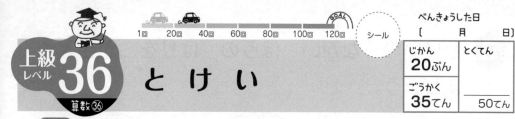

1回 20回 40回 60回 80回 100回 120回 GOAL

シール

べんきょうした日
〔　　月　　日〕

じかん 20ぷん	とくてん
ごうかく 40てん	50てん

標準レベル 37 たしざん (3)

算数37

1 □に 入《はい》る かずを かきましょう。（1つ2てん）

(1) 24 + 30 = □

⑩⑩ ①①①① + ⑩⑩⑩

(2) 20 + 33 = □

⑩⑩ + ⑩⑩⑩ ①①①

(3) 32 + 14 = □

⑩⑩⑩ ①① + ⑩ ①①①①

(4) 43 + 25 = □

⑩⑩⑩⑩ ①①① + ⑩⑩ ①①①①①

(5) 34 + 6 = □

⑩⑩⑩ ①①①① + ①①①①①①

2 たしざんを しましょう。（1つ2てん）

(1) 12 + 50　　(2) 46 + 20

(3) 20 + 62　　(4) 20 + 21

(5) 33 + 30　　(6) 40 + 44

3 たしざんを しましょう。（1つ3てん）

(1) 28 + 11　　(2) 63 + 13

(3) 37 + 22　　(4) 45 + 3

(5) 26 + 4　　(6) 72 + 27

4 左《ひだり》の かずと 上《うえ》の だんの かずを たしましょう。（1つ2てん）

	30	24	4	41	8
52					

算数

上級レベル 38 たしざん(3)

じかん 20ぷん	とくてん
ごうかく 35てん	50てん

1 たしざんを　しましょう。（1つ2てん）

(1) 11＋80　　(2) 52＋30

(3) 32＋43　　(4) 53＋14

(5) 34＋5　　(6) 7＋33

(7) 8＋22　　(8) 25＋15

(9) 42＋28　　(10) 28＋72

2 ゆかりさんの　学校《がっこう》の　一年生《いちねんせい》は　1くみに　34人《にん》　2くみに　32人　います。**ぜんぶで　なん人ですか。**（3てん）

（しき）　　（こたえ）

3 たしざんを　しましょう。（1つ2てん）

(1) 21＋13＋14　　(2) 31＋34＋33

(3) 2＋43＋4　　(4) 60＋5＋24

(5) 11＋13＋32＋21

(6) 21＋14＋11＋44

4 1くみの　かだんには　赤《あか》い花《はな》が　42本《ほん》と　白《しろ》い花が　33本《ぼん》　さいて　います。2くみの　かだんには　赤い花が　54本と　白い花が　27本　さいて　います。**といに　こたえましょう。**（1つ5てん）

(1) 1くみの　かだんには　ぜんぶで　なん本の　花が　さいて　いますか。

(2) 赤い花は　ぜんぶで　なん本　さいて　いますか。

(3) 白い花は　ぜんぶで　なん本　さいて　いますか。

1回 20回 40回 60回 80回 100回 120回 GOAL

シール

べんきょうした日
〔　月　日〕

じかん 20ぷん	とくてん
ごうかく 40てん	50てん

標準レベル 39 ひきざん(3)

算数39

1 □に 入《はい》る かずを かきましょう。（1つ2てん）

(1) 53 − 30 = □

⑩⑩⑩⑩⑩
①①① − ⑩⑩⑩

(2) 24 − 3 = □

⑩⑩
①①①① − ①①①

(3) 44 − 32 = □

⑩⑩⑩⑩ − ⑩⑩⑩
①①①① − ①①

2 ひきざんを しましょう。（1つ2てん）

(1) 74 − 50　　(2) 55 − 5

(3) 35 − 24　　(4) 89 − 64

3 ひきざんを しましょう。（1つ2てん）

(1) 67 − 30　　(2) 16 − 9

(3) 50 − 40　　(4) 64 − 52

(5) 79 − 29　　(6) 58 − 4

(7) 75 − 73　　(8) 82 − 82

(9) 68 − 8　　(10) 64 − 40

4 左《ひだり》の かずから 上《うえ》の だんの かずを ひきましょう。（1つ2てん）

	30	42	35	5	50
57	27				

	24	40	5	15	45
45	21				

算数

じかん	とくてん
20ぷん	
ごうかく 35てん	50てん

ひきざん (3)

1 ひきざんを　しましょう。（1つ2てん）

(1) 48 − 37　(2) 66 − 62

(3) 39 − 9　(4) 26 − 14

(5) 16 − 8　(6) 85 − 60

(7) 78 − 0　(8) 110 − 5

(9) 100 − 70　(10) 118 − 14

(11) 98 − 21 − 35　(12) 88 − 40 − 35 − 9

2 □に　あう　かずを　かきましょう。（1つ2てん）

(1) 27 + □ = 77　(2) 54 − □ = 14

(3) □ + 25 = 68　(4) 79 − □ = 56

(5) 40 + □ = 91　(6) 46 − □ = 2

3 75円《えん》　もって　ぶんぼうぐやさんに　いき　54円の　じょうぎを　かいました。**のこりは　なん円ですか。**（3てん）

（しき）□　（こたえ）□

4 ぜんぶで　88ページ　ある　本《ほん》を　きのうまでに　41ページ　よんで　います。きょうは　23ページ　よみました。**あと　なんページ　のこって　いますか。**（3てん）

（しき）□　（こたえ）□

5 □に　＋か　−の　どちらか　あう　ものを　入《い》れましょう。（1つ2てん）

(1) 60 □ 20 □ 10 = 30

(2) 60 □ 10 □ 20 = 50

(3) 32 □ 16 □ 22 = 26

(4) 65 □ 24 □ 12 = 53

標準レベル 41 もんだいの かんがえかた (1)

算数㊶

じかん 20ぷん	とくてん
ごうかく 40てん	50てん

1 左《ひだり》の ずと おなじ かたちを 右《みぎ》の ずの てん(・)を せんで むすんで かきましょう。（1つ6てん）

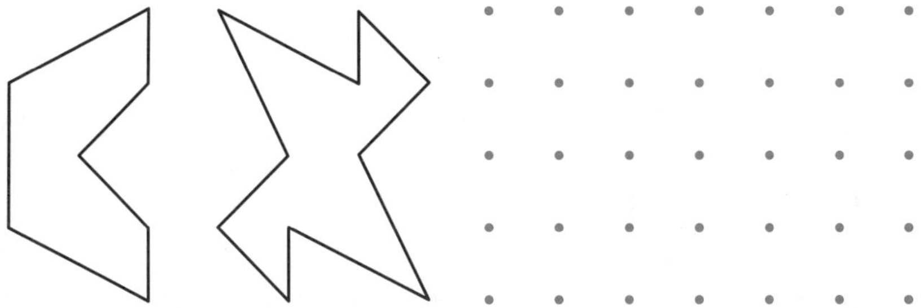

2  の つみきは ぜんぶで なんこ ありますか。（1つ6てん）

(1)

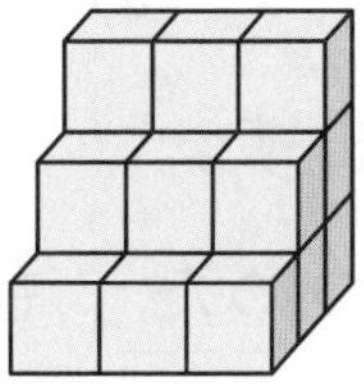

(2)

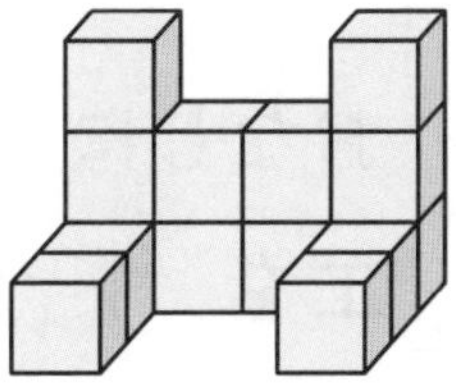

(3)

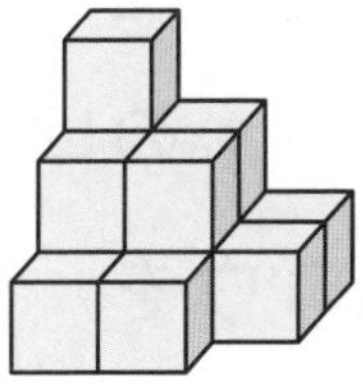

3 おはじきが 12こ あります。といに こたえましょう。（1つ5てん）

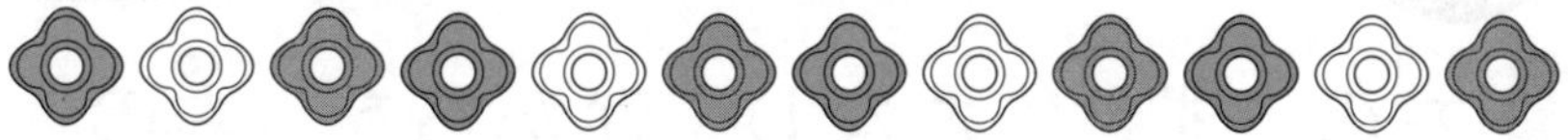

(1) ひとりに 2こずつ わけると なん人《にん》に わけられますか。

(2) ひとりに 3こずつ わけると なん人に わけられますか。

(3) ひとりに 5こずつ わけると なんこか のこります。なん人に わけられて なんこ のこりますか。

(4) ひとりめに 1こ ふたりめに 2こ さんにんめに 3こ,……と おはじきを 1こずつ ふやして わけます。なん人まで わけられますか。

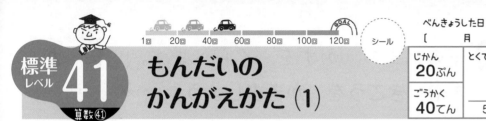

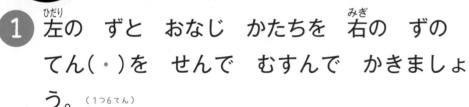

もんだいの かんがえかた (1)

べんきょうした日 〔 月 日〕

じかん 20ぷん	とくてん
ごうかく 35てん	50てん

1 左《ひだり》の ずと おなじ かたちを 右《みぎ》の ずの てん(・)を せんで むすんで かきましょう。（1つ5てん）

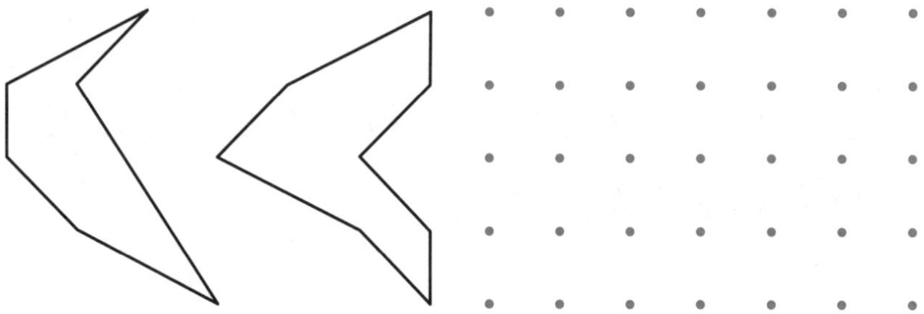

2 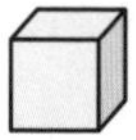 の つみきは ぜんぶで なんこ ありますか。（1つ5てん）

(1)

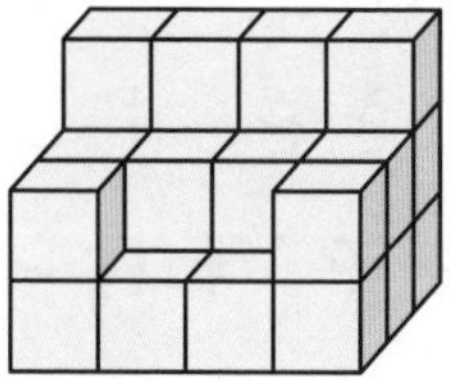

□

(2)

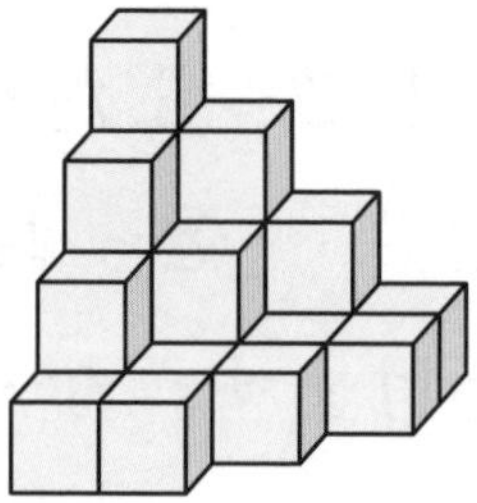

□

(3)

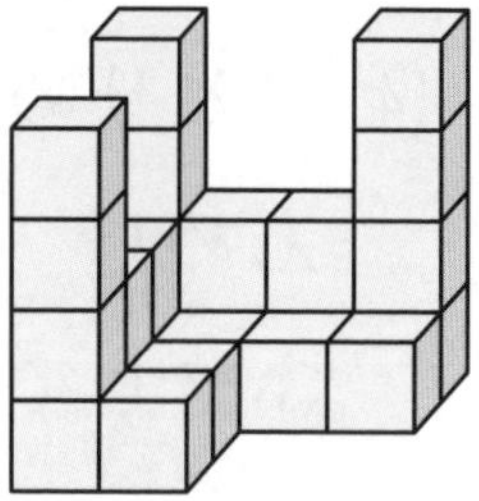

□

3 下《した》の 玉《たま》の かずを くらべます。□に かずや きごうを かきましょう。（1つ5てん）

ア　イ　ウ　エ　オ

(1) アを 3つ あつめると □ と おなじに なります。

(2) イを □ つ あつめると エと おなじに なります。

(3) オを ウと おなじ かずに わけると □ つに わけられます。

(4) アを □ つと エを 1つ あつめた ものは オと おなじに なります。

(5) ウを 1つと エを 1つ あつめた ものは アを □ つと イを □ つ あつめた ものと おなじです。

じかん 20ぷん	とくてん
ごうかく 40てん	50てん

標準レベル 43 もんだいの かんがえかた (2)★

★発展的な問題が入っていることを示しています

1 あいさん　かなさん　ともさんの　3人《にん》が　じゅんばんに　ならびます。**といに　こたえましょう。**

(1) 1ばんめに　あいさんが　くるときの　ならびかたを　(　　)に　かきましょう。(1つ3てん)

(あい，　　，　　)　(あい，　　，　　)

(2) 2ばんめに　ともさんが　くるときの　ならびかたを　(　　)に　かきましょう。(1つ3てん)

(　　，とも，　　)　(　　，とも，　　)

(3) (1)と(2)の　こたえの　ほかの　ならびかたを　あと　3とおり　かきましょう。(1つ3てん)

(　　，　　，　　)　(　　，　　，　　)

(　　，　　，　　)

2 右《みぎ》の　ずを　赤《あか》　白《しろ》　青《あお》の　3つの　いろで　ぬりわけます。**ぜんぶで　なんとおり　できますか。**(8てん)

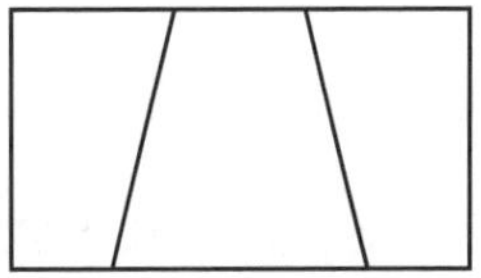

3 かんじと　けいさんの　テストけっかを　ひょうに　まとめました。**といに　こたえましょう。**

		けいさんテスト					
		0てん	2てん	4てん	6てん	8てん	10てん
かんじテスト	0てん						
	2てん				2人		
	4てん		1人	1人		4人	1人
	6てん			3人	2人	2人	2人
	8てん				1人	6人	
	10てん				1人	5人	5人

〔3人〕の　ところは「かんじテストが　6てんで　けいさんテストが　4てんの　人《ひと》が　3人いた」ことを　あらわして　います。(1つ7てん)

(1) かんじテストが　4てんで　けいさんテストが　8てんの　人は　なん人ですか。

(2) かんじテストが　10てんの　人は　なん人ですか。

(3) 2つの　テストの　ごうけいが　16てんの　人は　なん人ですか。

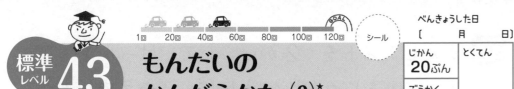

じかん 20ぷん	とくてん
ごうかく 35てん	50てん

上級レベル 44 もんだいの かんがえかた (2)★

算数㊹

1 〔みかん　りんご　ぶどう　もも　なし〕

この　中《なか》から　2つ　えらびます。**といに　こたえましょう。**

(1) みかんと　ほかに　もう1つ　えらびました。このときの　えらびかたを　かきましょう。（1つ2てん）

（みかん と　　　）（みかん と　　　）
（みかん と　　　）（みかん と　　　）

(2) ぶどうを　えらばないように　します。このときの　えらびかたを　かきましょう。（1つ2てん）

（　　と　　）（　　と　　）
（　　と　　）（　　と　　）
（　　と　　）（　　と　　）

(3) ぜんぶで　なんとおりの　えらびかたが　ありますか。（5てん）

2 かんじテストを　2かい　して　けっかを　ひょうに　まとめました。**といに　こたえましょう。**

		2かいめ					
		0てん	2てん	4てん	6てん	8てん	10てん
1かいめ	0てん						
	2てん				2人	1人	
	4てん		2人	1人		2人	1人
	6てん		1人	4人	2人	1人	3人
	8てん					5人	4人
	10てん				1人	6人	3人

(1) 2かいとも　10てんを　とった　人《ひと》は　なん人《にん》ですか。（5てん）

(2) 1かいめが　8てんだった　人は　なん人ですか。（5てん）

(3) 1かいめと　2かいめの　てんすうが　かわらなかった　人は　なん人ですか。（7てん）

(4) 2かいめの　てんすうが　1かいめより　上《あ》がった　人は　なん人ですか。（8てん）

シール

べんきょうした日
〔　　月　　日〕

じかん	とくてん
20ぷん	
ごうかく	
40てん	50てん

45 最上級レベル 1

1 けいさんを　しましょう。（1つ2てん）

(1) 18 − 8　　(2) 22 − 20

(3) 20 + 0　　(4) 62 + 26

(5) 50 − 20 + 50

2 □に　あう　かずを　かきましょう。（1つ2てん）

(1) □ + 5 = 13　　(2) 16 − □ = 9

(3) 14 + □ = 36　　(4) □ − 7 = 11

(5) 51 + □ = 58　　(6) □ − 50 = 28

(7) □ + 42 = 78　　(8) 106 − □ = 3

3 つみきを　まうえから　見《み》た　ときの　かたちを　（　）から　えらんで　かきましょう。（1つ3てん）

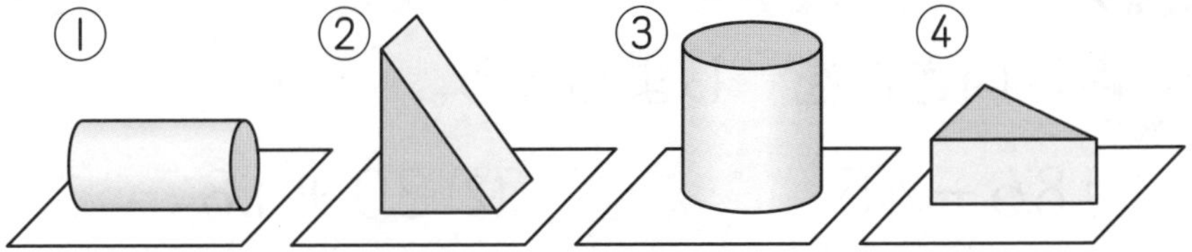

□　□　□　□

（　ながしかく　さんかく　まる　）

4 ⬚の　中《なか》から　□に　あう　かずを　えらんで　かきましょう。（1つ3てん）

47　56　44　54　45　55　62　46　67　69

(1) 60より　大《おお》きい　かずは
□と□と□です。

(2) 一《いち》の　くらいの　かずが　5の　かずは
□と□です。

(3) ちがいが　20の　2つの　かずは
□と□です。

(4) あわせると　90に　なる　2つの　かずは
□と□です。

じかん	とくてん
20ぷん	
ごうかく	
40てん	50てん

46 最上級レベル ②

算数46

1 けいさんを　しましょう。（1つ2てん）

(1) 86 − 45　　(2) 30 + 18

(3) 55 + 5 + 5　　(4) 14 − 11

(5) 53 − 20　　(6) 37 + 52

(7) 47 − 13 + 22　　(8) 99 − 97

2 9ひきの　かたつむりが　いちれつに　ならんで　います。といに　こたえましょう。（1つ5てん）

(1) まえから　2ばんめの　かたつむりより　うしろに　なんびき　いますか。

(2) まえから　5ばんめの　かたつむりは　うしろから　なんばんめですか。

3 つぎの　とけいは　なんじなんぷん　ですか。また，[　]の　じかんだけ　あとは　なんじなんぷんに　なりますか。（1つ4てん）

(1) 

(　　)

[1じかん]

(　　)

(2) 

(　　)

[3じかん]

(　　)

(3) 

(　　)

[8じかん]

(　　)

4 [ア]を　いくつか　つかって　[イ]を　つくります。[ア]は　いくつ　つかいますか。（1つ6てん）

(1) [ア] 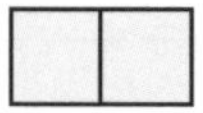

[イ]

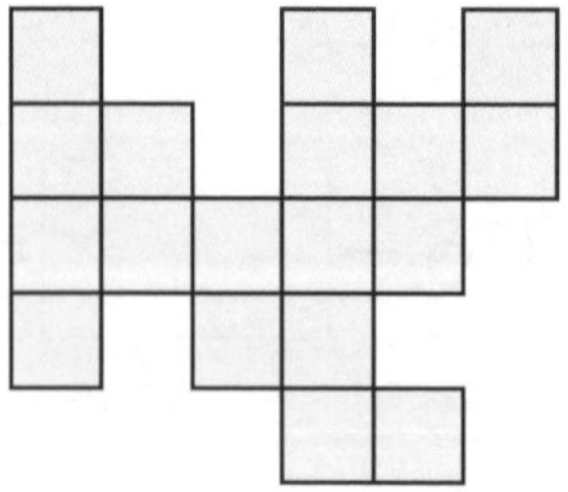

(2) [ア] 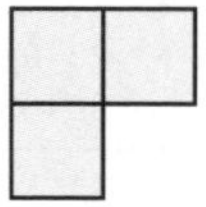

[イ]

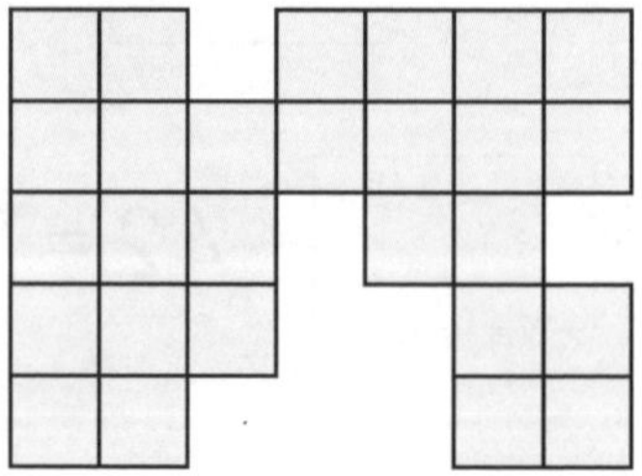

47 最上級レベル ③

1 □に あう かずを かきましょう。（1つ3てん）

(1) 47＋□－35＝24

(2) □－13－42＝33

(3) 80－□－20＝30

2 □に ＋か －の どちらか あう ものを かきましょう。（1つ4てん）

(1) 12 □ 8 □ 14＝18

(2) 35 □ 20 □ 45＝10

3 おはじきが よこに ならんで います。左《ひだり》から 6ばんめの おはじきは 右《みぎ》から かぞえると 3ばんめに あります。**おはじきは なんこ ありますか。**（3てん）

□

4 □に きごうや かずを かきましょう。

（1つ5てん）

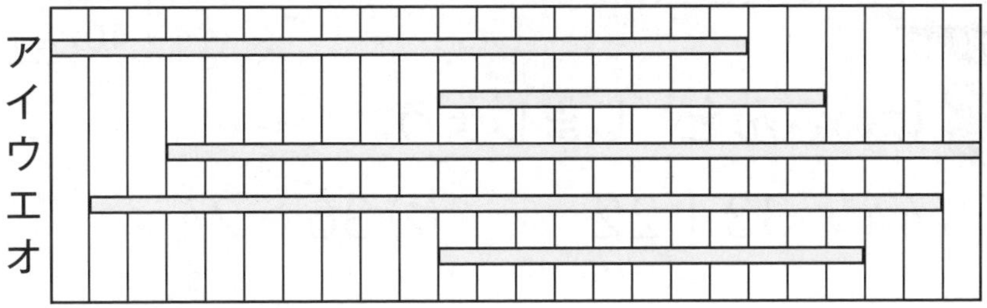

(1) アの ながさは めもり □ こぶんです。

(2) アと ウの ながさの ちがいは めもり □ こぶんです。

(3) □ は オの 2つぶんです。

(4) イと オを あわせた ながさは □ と おなじです。

5 18この あめを 5人《にん》の こどもに くばります。**といに こたえましょう。**（1つ5てん）

(1) 1人に 2こずつ くばると なんこ のこりますか。

□

(2) のこりを また 1こずつ くばります。のこった あめは なんこですか。

□

じかん	とくてん
20ぷん	
ごうかく 40てん	50てん

48 最上級レベル ④

1 けいさんを しましょう。（1つ3てん）

(1) 44 + 33 + 22　　(2) 36 − 24

(3) 12 + 12 + 12 + 12　　(4) 68 − 34 − 34

(5) 75 − 70 + 13　　(6) 91 − 11

2 □に あう かずを かきましょう。（1つ3てん）

(1) 14 ― 16 ― □ ― □ ― □ ― 24

(2) 45 ― □ ― 35 ― 30 ― □ ― 20

(3) 52 ― 56 ― □ ― □ ― 68 ― □

3 こうえんに 1じ30ぷんに つきました。2じかん あそぶと なんじなんぷんに なりますか。（4てん）

□

4 くふうして かぞえましょう。（4てん）

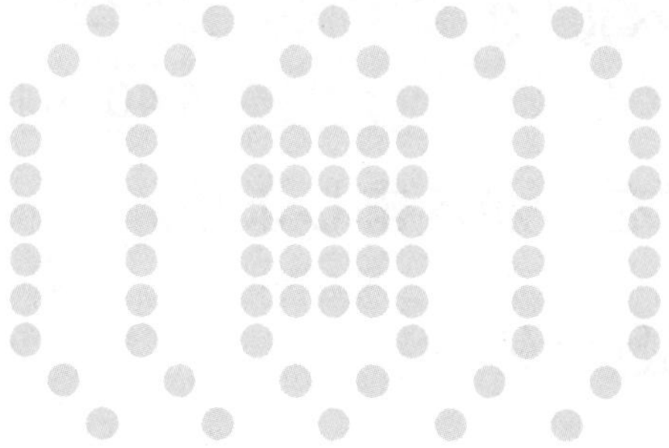

□

5 4まいの カードに 2, 3, 5, 8 の すうじが かかれて います。この中《なか》から 2まい ひいて その かずを たします。といに こたえましょう。

(1) たした かずが 11に なりました。ひいた カードは どれと どれですか。（3てん）

□ と □

(2) たした かずが 9より 小《ちい》さく なる ひきかたを ぜんぶ かきましょう。（1つ3てん）

□ と □　□ と □　□ と □

(3) たした かずが いちばん 大《おお》きい ときと いちばん 小さい ときの ちがいは いくつですか。（3てん）

□

標準レベル 49 がっこう だいすき

生活①

1 つぎの あいさつは どんな ときに つかいますか。———で むすびましょう。（1つ5てん）

- いってきます。
- いただきます。
- さようなら。
- おはよう ございます。

- あさ，せんせいと であった とき。
- きゅうしょくを たべる まえ。
- がっこうから かえる とき。
- いえから がっこうへ いく とき。

2 つぎの がっこうに ある へやの なまえを あとの ア～カから 1つずつ えらんで，きごうで かきましょう。（1つ5てん）

(1)

（ ）

(2)

（ ）

(3)

（ ）

(4)

（ ）

(5)

（ ）

(6)

（ ）

ア おんがくしつ　イ としょしつ
ウ たいいくかん　エ りかしつ
オ しょくいんしつ　カ ほけんしつ

生活

じかん	とくてん
15ふん	
ごうかく 35てん	50てん

上級レベル 50 がっこう　だいすき

生活②

1 つぎの　とき　ただしい　ものに　○を，ただしく　ない　ものに　△を　つけましょう。

（1つ5てん）

(1) しょくいんしつに　はいる　とき。

（　　　）

（　　　）

(2) ろうかを　とおる　とき。

（　　　）

（　　　）

(3) どうぶつや　つちを　さわった　あと。

（　　　）

（　　　）

2 つぎの　とき　がっこうの　どの　へやへ　いけば　よいですか。あとから　えらんで　かきましょう。

（1つ4てん）

(1)

（　　　）

(2)

（　　　）

(3)

（　　　）

おんがくしつ	たいいくかん	
としょしつ	ほけんしつ	りかしつ

3 つうがくろで，あんぜんに　きを　つけて　いる　ものに　○を，きを　つけて　いない　ものに　×を　つけましょう。

（1つ4てん）

(1)

（　　　）

(2)

（　　　）

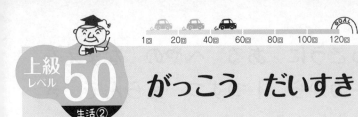

1回 20回 40回 60回 80回 100回 120回 GOAL

シール

べんきょうした日 〔　　月　　日〕

じかん	とくてん
15ふん	
ごうかく 35てん	50てん

標準レベル 51 はるが きたよ

生活③

1 つぎの　はなや　いきものが　みつかる　ばしょを，あとの　ア～エから　１つずつ　えらんで，きごうで　かきましょう。（１つ５てん）

(1)

（　　　　）

(2)
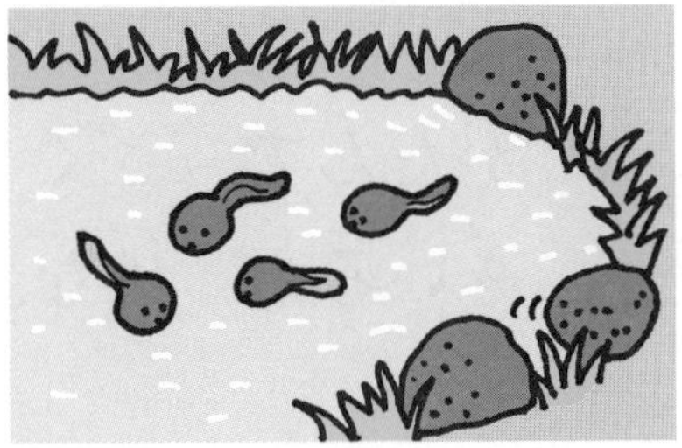
（　　　　）

(3)
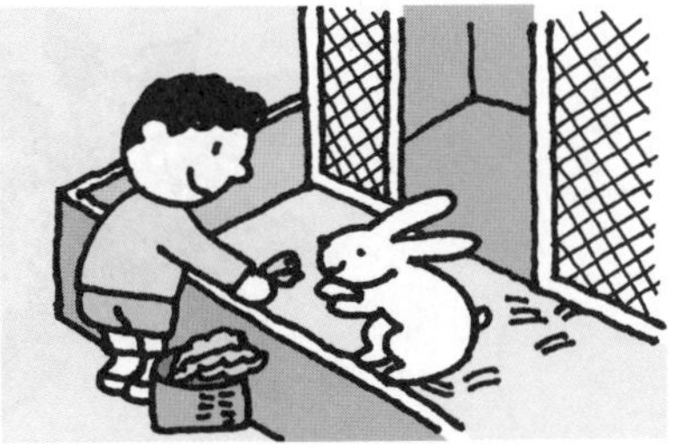
（　　　　）

(4)

（　　　　）

ア　かだん　　　イ　みちばた
ウ　しいくごや　　エ　いけの　なか

2 はるに　がっこうの　まわりや　かだんなどでは，どのような　ものが　みつかりますか。みつかる　ものに　○を，みつからない　ものに　△を　つけましょう。（１つ５てん）

(1)

（　　　　）

(2)

（　　　　）

(3)

（　　　　）

(4)

（　　　　）

(5)

（　　　　）

(6)

（　　　　）

生活

じかん 15ふん	とくてん
ごうかく 35てん	50てん

上級レベル 52 はるが　きたよ

生活④

1 つぎの　えのような　がっこうでは　どのような　はなや　いきものを　みつけることが　できますか。**3つ**　かきましょう。

（1つ10てん）

（　　　　　　　　　　）

（　　　　　　　　　　）

（　　　　　　　　　　）

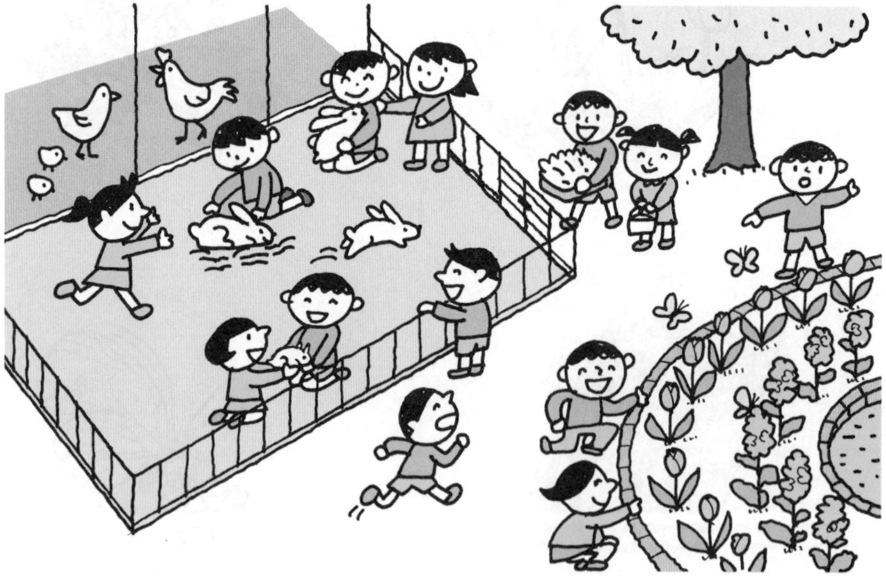

2 つぎの　はなの　なまえを，それぞれ　かきましょう。（1つ5てん）

(1) おおきな　きに　さく　うすい　ぴんくの　はな。

（　　　　　　　　）

(2) かだんで　さく　あかや　きいろの　はな。

（　　　　　　　　）

(3) みちばたで　さく　せの　ひくい　きいろい　はな。

（　　　　　　　　）

(4) のはらで　さく　ちいさくて　しろい　はな。

（　　　　　　　　）

標準レベル 53 はなを　そだてよう

生活⑤

じかん 15ふん	とくてん
ごうかく 35てん	50てん

1 つぎの　えを　みて，はなの　なまえを，あとの　ア～エから　１つずつ　えらんで，きごうで　かきましょう。（１つ５てん）

(1)

（　　　）

(2)

（　　　）

(3)

（　　　）

(4)

（　　　）

ア　たんぽぽ　　イ　まりいごおるど

ウ　ひまわり　　エ　あさがお

2 つぎの　えの　はなと　たねを　――で　むすびましょう。（15てん）

　・　・　

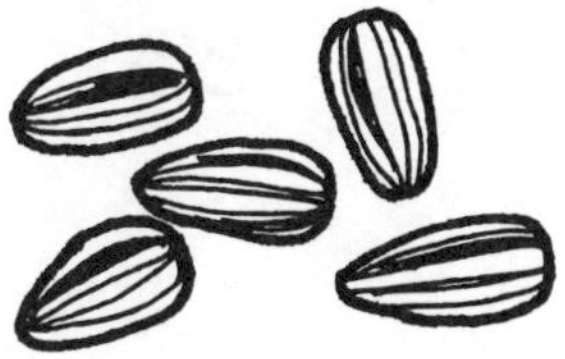　・　・　

3 あさがおを　そだてる　ときの　くふうを，あとの　ア～ウから　１つずつ　えらんで，きごうで　かきましょう。（１つ５てん）

(1) たねを　まく　とき。（　　　）

(2) つるが　のびて　きた　とき。（　　　）

(3) つちが　かわいて　いる　とき。（　　　）

ア　みずを　あげる。

イ　つちを　やわらかく　する。

ウ　しちゅうを　たてる。

生活

シール

べんきょうした日 〔　月　日〕

じかん 15ふん	とくてん
ごうかく 35てん	50てん

上級レベル 54 はなを　そだてよう

生活⑥

1 あさがおを　そだてる　ときに，きを　つけたら　よい　ことを，2つずつ　かきましょう。（1つ5てん）

(1) たねを　まく　つちを　つくる　とき。

（　　　　　　　　）

（　　　　　　　　）

(2) つるが　のびて　きた　とき。

（　　　　　　　　）

（　　　　　　　　）

2 はなの　そだてかたとして，ただしい　ものに　2つ　○を　つけましょう。（1つ5てん）

(1) たいようが　あたる　ところで　そだてる。（　　）

(2) ざっそうは　ぬかない。（　　）

(3) つちが　かわいたら　みずを　あげる。（　　）

3 つぎの　えは　なんの　はなの　たねですか。はなの　なまえを　かきましょう。（1つ5てん）

(1) おおきな　きいろい　はなが　さきます。

（　　　　　　）

(2) つるが　のびて　ぴんくや　むらさきの　はなが　さきます。

（　　　　　　）

(3) みちばたなどで　きいろい　はなが　さきます。

（　　　　　　）

(4) いろの　こい　きいろい　はなが　さきます。

（　　　　　　）

標準レベル **55** 生活⑦

なつが　きたよ

じかん 15ふん	とくてん
ごうかく 35てん	50てん

1 つぎの　いきものは　どんな　てんきの　ときに　よく　みかけますか。**はれて　いる　ときは　○を，あめが　ふって　いる　ときは　△を　つけましょう。**（1つ5てん）

(1) あじさいの　はの　うえに　いる　かたつむり　（　　　）

(2) きに　とまって　ないて　いる　せみ　（　　　）

(3) ないて　いる　あまがえる　（　　　）

(4) とんで　いる　しおからとんぼ　（　　　）

2 **つぎの　えを　みて，なつに　うみで　できる　あそびを　2つ　かきましょう。**（1つ5てん）

（　　　　　　）

（　　　　　　）

3 つぎの　えの　いきものや　はなは，どんな　ところで　みつかりますか。**あとの　ア～エから　1つずつ　えらんで，きごうで　かきましょう。**（1つ5てん）

(1)

（　　　）

(2)

（　　　）

(3)

（　　　）

(4)

（　　　）

ア はの　うえ　　**イ** きの　みき
ウ いけ　　**エ** すなはま

じかん 15ふん	とくてん
ごうかく 35てん	50てん

上級レベル 56 なつが　きたよ

生活⑧

1 つぎの　えを　みて，いきものや　はなの　なまえを　かきましょう。（1つ5てん）

(1) きの　みきに　とまって　なく　いきもの。

（　　　　　　）

(2) あめの　ときに　よく　みつかる　いきもの。

（　　　　　　）

(3) いけの　なかで　さく　しろい　はな。

（　　　　　　）

(4) すなはまに　いる　かいがらを　せおった　いきもの。

（　　　　　　）

2 つぎの　えを　あさがおが　そだつ　じゅんばんに　ならび　かえましょう。（20てん）

（　　　→　　　→　　　→　　　）

ア　ふたばが　でて　つるが　のびる。

イ　つぼみが　できて　はなが　さく。

ウ　はなが　かれて　たねが　できる。

エ　つちに　たねを　まく。

3 みずを　つかった　なつの　あそびを　１つ　かきましょう。（10てん）

（　　　　　　　　　　）

標準レベル 57

いきものと　なかよし

生活⑨

じかん 15ふん	とくてん
ごうかく 35てん	50てん

1 つぎの　いきものは　どんな　えさを　よく　たべますか。———で　むすびましょう。

（1つ10てん）

(1)  ・　　　・ ニンジン 

(2)  ・　　　・ ひえや　あわ 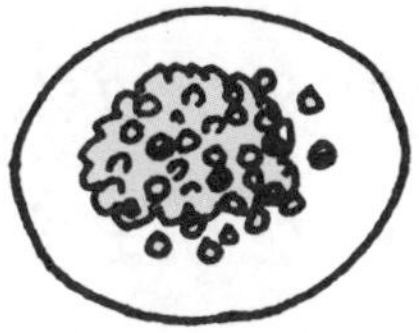

(3)  ・　　　・ キュウリ 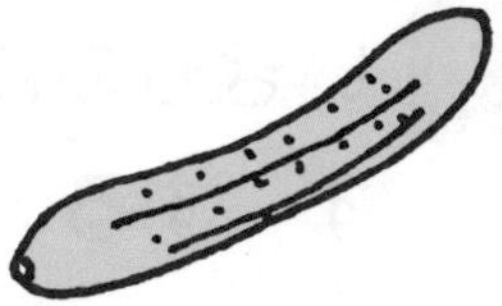

2 どうぶつを　かう　ときの　ようすを，あとの　ア～エから　１つずつ　えらんで，きごうで　かきましょう。（1つ5てん）

(1)

（　　　）

(2)

（　　　）

(3)

（　　　）

(4)

（　　　）

ア　どうぶつの　おうちを　そうじする。
イ　えさに　ついて　しらべる。
ウ　きれいな　水《みず》に　とりかえる。
エ　どうぶつは　やさしく　なでる。

べんきょうした日〔　　月　　日〕

じかん 15ふん	とくてん
ごうかく 35てん	50てん

いきものと　なかよし

1 つぎの　とき，どんな　ことを　すれば　よいですか。あとの　ア〜エから　１つずつ　えらんで，きごうで　かきましょう。（１つ５てん）

(1) どうぶつの　ようすが　いつもと　ちがう　とき。

（　　　）

(2) どうぶつを　だきあげる　とき。

（　　　）

ア　そのまま　そっと　しておく。
イ　じゅういさんに　みて　もらう。
ウ　うしろから　いきなり　だきあげる。
エ　しゃがんで　やさしく　だきあげる。

2 ダンゴムシの　かんさつを　しました。つぎの　もんだいに　こたえましょう。（１つ10てん）

(1) ダンゴムシが　見つかる　ばしょを　かきましょう。

（　　　　　）

(2) ダンゴムシが　よく　たべる　ものに　○を　つけましょう。

ニンジン（　　）　キュウリ（　　）
おちば（　　）　キャベツ（　　）

(3) ダンゴムシを　おどろかせると　どのように　なりますか。かきましょう。

（　　　　　　　　　　）

3 いきものに　さわる　まえや　あとに，かならず　する　ことを　１つ　かきましょう。（10てん）

（　　　　　　　　　　）

標準レベル 59 生活⑪

かぞくと　いっしょに

シール	べんきょうした日　〔　　月　　日〕
じかん 15ふん	とくてん
ごうかく 40てん	50てん

1 かぞくが　いえで　している　しごとに　○を，べつの　人《ひと》が　している　しごとに　△を　つけましょう。（1つ5てん）

(1) せんたくものほし

（　　　）

(2) ふろそうじ

（　　　）

(3) ゆうびんの　はいたつ

（　　　）

(4) ごみ出《だ》し

（　　　）

2 えで　つかわれて　いる　どうぐの　名《な》まえを　あとから　えらんで　かきましょう。（1つ5てん）

(1)

（　　　）

(2)

（　　　）

(3)

（　　　）

(4)

（　　　）

(5)

（　　　）

(6)

（　　　）

ほうき	ものほしざお	ぞうきん
そうじき	ほうちょう	じょうろ

1回 20回 40回 60回 80回 100回 120回 GOAL

シール

べんきょうした日
[月 日]

じかん 15ふん	とくてん
ごうかく 40てん	50てん

上級 レベル 60

かぞくと いっしょに

生活⑫

1 つぎの ような とき，あなたは どんな お手《て》つだいが できますか。**それぞれ かんがえて かきましょう。**（1つ5てん）

(1) ごはんを たべる とき。

（　　　　　　　　）

(2) かぞくで いえの そうじを する とき。

（　　　　　　　　）

(3) おはなを そだてる とき。

（　　　　　　　　）

2 右《みぎ》の えの どうぐの 名《な》まえを かきましょう。（1つ5てん）

(1) ほうちょうで たべものを きる ときに つかいます。

（　　　　　　）

(2) ごはんを おちゃわんに よそう ときに つかいます。

（　　　　　　）

(3) あつめた ごみを とる ときに つかいます。

（　　　　　　）

(4) おゆを わかす ときに つかいます。

（　　　　　　）

(5) せんたくものを ほす ときに つかいます。

（　　　　　　）（　　　　　　）

(6) ぞうきんを すすぐ ときに つかいます。

（　　　　　　）

標準レベル 61 あきが　きたよ

生活⑬

じかん	とくてん
15ふん	
ごうかく 35てん	50てん

1 あきの　ようすに　ついての　文《ぶん》に　○を，ほかの　きせつに　ついての　文に　△を　つけましょう。（1つ5てん）

(1)（　　　）

赤《あか》く　なって　いる　はっぱを　見《み》つけたよ。

(2)（　　　）

木《き》に　カブトムシが　とまって　いたよ。

(3)（　　　）

いえの　花《か》だんに　モンシロチョウが　とんで　いたよ。

(4)（　　　）

どんぐりや　まつぼっくりを　見つけたよ。

2 あきに　見つかる　ものに　○を，見つからない　ものに　△を　つけましょう。（1つ5てん）

(1) あかい　カエデ

（　　　）

(2) サクラの　花《はな》

（　　　）

(3) ないて　いる　コオロギ

（　　　）

(4) ないて　いる　セミ

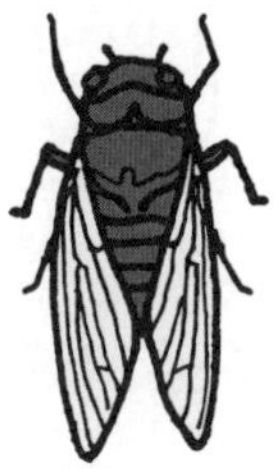

（　　　）

(5) たけのこ

（　　　）

(6) どんぐり

（　　　）

生活

じかん	とくてん
15ふん	
ごうかく 35てん	50てん

上級 レベル 62 生活⑭

あきが　きたよ

1 つぎの　はっぱの　名《な》まえを　あとから　えらんで　かきましょう。(1つ5てん)

(1)

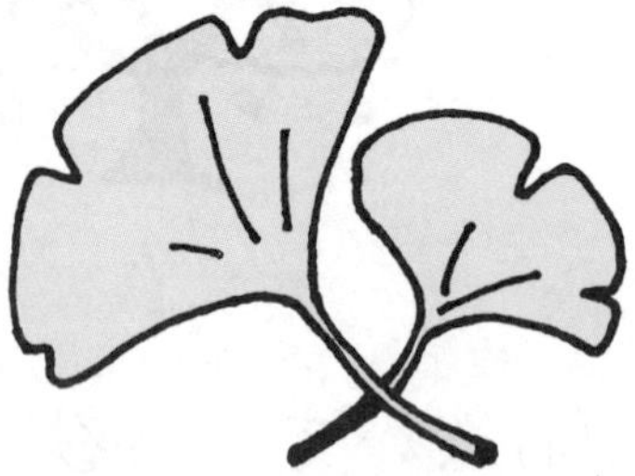

(　　　　)

(2)

(　　　　)

イチョウ　　サクラ　　カエデ　　ササ

2 あなたが　こうえんや　学校《がっこう》の　まわりで　見《み》つけた，木《き》や　草花《くさばな》などの　はると　あきの　ちがいは　なんですか。**見つけた　ちがいを　2つ　かきましょう。**(1つ10てん)

(　　　　　　　　　　)

(　　　　　　　　　　)

3 つぎの　えは，どのような　ことから　あきを　かんじて　いますか。**あとの　ア～エから　1つずつ　えらんで，きごうで　かきましょう。**(1つ5てん)

(1)

(　　　)

(2)

(　　　)

(3)

(　　　)

(4)

(　　　)

ア　どんぐりを　ひろう。
イ　おちて　いる　はっぱを　ひろう。
ウ　草むらで　すず虫《むし》が　ないて　いる。
エ　はっぱの　いろが　かわる。

じかん	とくてん
15ふん	
ごうかく 35てん	50てん

標準レベル 63 あきの　おもちゃ

生活⑮

1 おもちゃを　つくる　ときの　ざいりょうの　あつめかたとして，正《ただ》しい　ものに　○を，正しく　ない　ものに　△を　つけましょう。

（1つ5てん）

(1)

（　　）

(2)

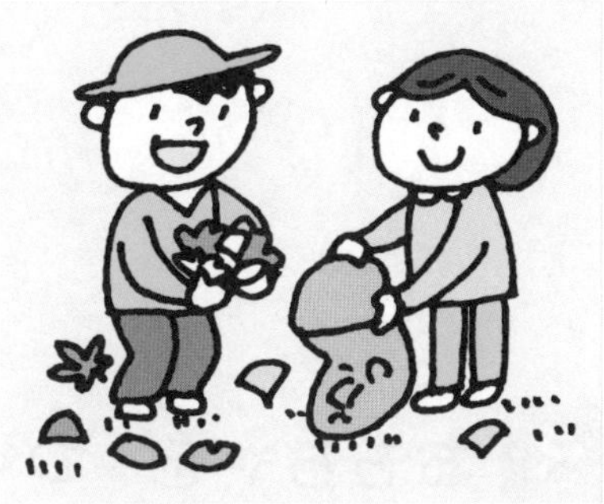

（　　）

(3)

（　　）

(4)

（　　）

2 つぎの　おもちゃの　ざいりょうを　あとの　ア～エから　１つずつ　えらんで，きごうで　かきましょう。おなじ　きごうを　２かい　えらんでも　かまいません。（1つ5てん）

(1)

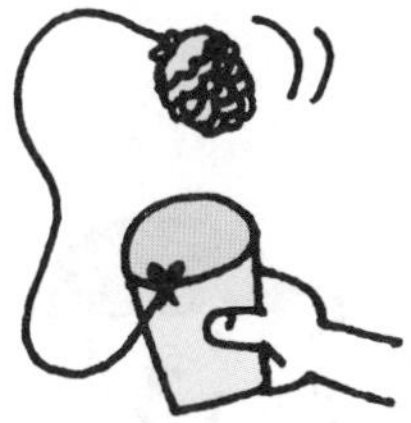

（　　）

(2)

（　　）

(3)

（　　）

(4)

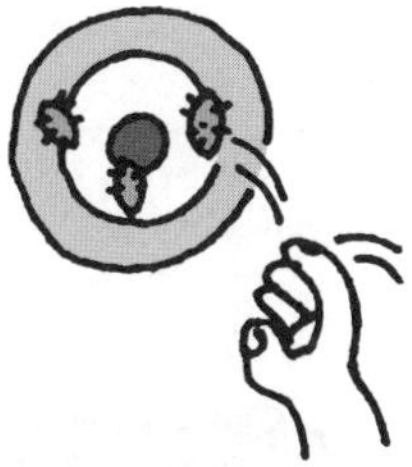

（　　）

(5)

（　　）

(6)

（　　）

ア　どんぐり　　イ　オナモミ
ウ　まつぼっくり　　エ　おちば

生活

じかん 15ふん	とくてん
ごうかく 35てん	50てん

上級レベル 64

あきの　おもちゃ

生活⑯

1 つぎの　おもちゃは　なにを　つかって　つくられて　いますか。**ざいりょうを　１つ　かきましょう。**（1つ5てん）

(1)

（　　　　　）

(2)

（　　　　　）

(3)

（　　　　　）

(4)

（　　　　　）

2 つぎの　おもちゃを　つくるのに　どのような　どうぐが　ひつようですか。**ひつような　どうぐを　１つずつ　かきましょう。**（1つ10てん）

(1)

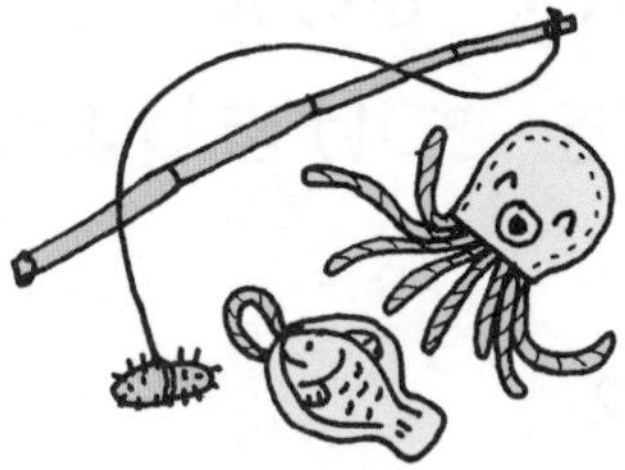

（　　　　　）

(2)

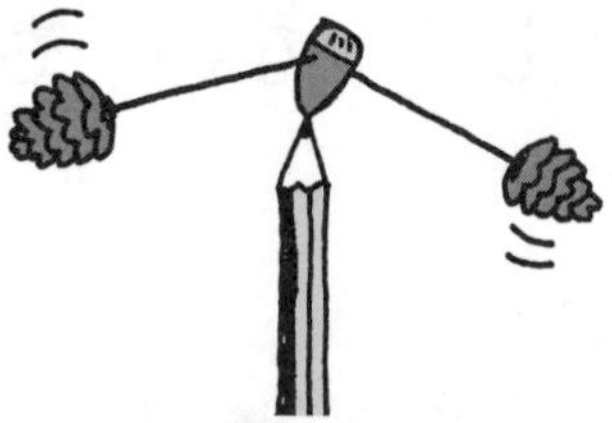

（　　　　　）

3 **おもちゃを　つくる　ときの　ちゅういとして　正《ただ》しい　ものに　２つ　○を　つけましょう。**（1つ5てん）

(1) はさみの　先《さき》を　人《ひと》に　むける。（　　）

(2) ごみは　わけて　すてる。（　　）

(3) おわったら　手《て》を　あらう。（　　）

(4) おわったあと　かたづけを　しない。（　　）

じかん	とくてん
15ふん	
ごうかく 35てん	50てん

標準レベル 65 生活⑰

ふゆを　たのしもう

1 つぎの　あそびの　名《な》まえを　あとの　ア～エから　１つずつ　えらんで，きごうで　かきましょう。（1つ5てん）

(1)

（　　　）

(2)

（　　　）

(3)

（　　　）

(4)

（　　　）

ア　たこあげ　　イ　スケート
ウ　スキー　　　エ　こままわし

2 ふゆに　見《み》られる　ものに　○を，ほかの　きせつに　見られる　ものに　△を　つけましょう。（1つ5てん）

(1)

（　　　）

(2)

（　　　）

(3)

（　　　）

(4)

（　　　）

(5)

（　　　）

(6)

（　　　）

1回 20回 40回 60回 80回 100回 120回 GOAL

シール

べんきょうした日
〔　月　日〕

じかん	とくてん
15ふん	
ごうかく 35てん	50てん

上級レベル 66 ふゆを　たのしもう

生活⑱

1 ゆきを　つかった　あそびに　○を，こおりを　つかった　あそびに　△を　それぞれ　つけましょう。（1つ5てん）

(1)

（　　）

(2)

（　　）

(3)

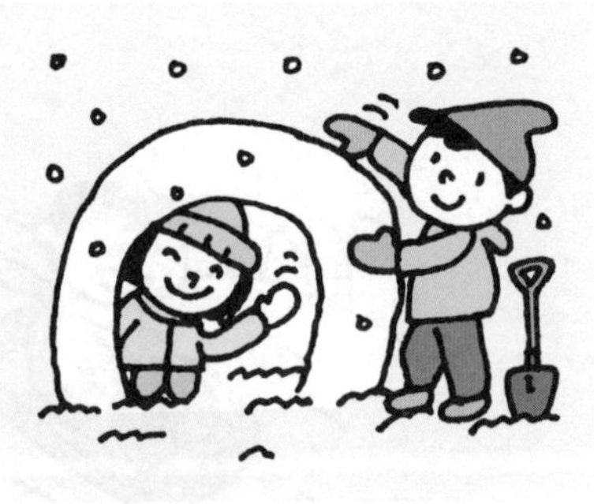

（　　）

(4)

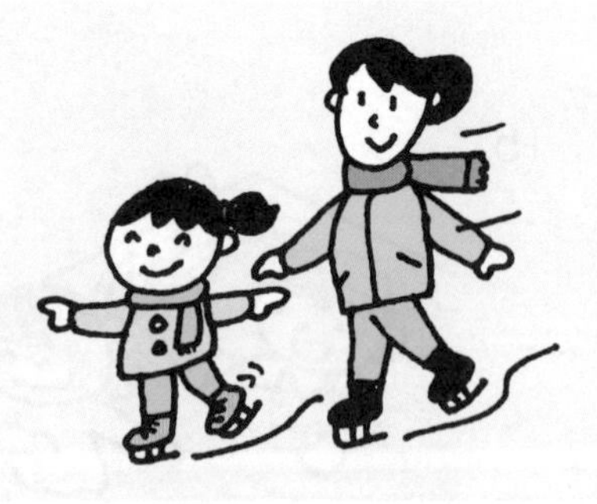

（　　）

2 つぎの　ふゆに　よく　する　あそびの　名《な》まえを　かきましょう。（1つ5てん）

(1)

（　　）

(2)

（　　）

(3)

（　　）

(4)

（　　）

3 ふゆに　見《み》られる　いきものに　○を，見られない　いきものに　△を　つけましょう。

(1)

（　　）

(2)

（　　）

（1つ5てん）

じかん	とくてん
15ふん	
ごうかく 40てん	50てん

標準レベル 67

みんなで　あそぼう

1 つぎの　あそびは　どの　きせつの　あそびですか。**きせつを　あとから　えらんで，１つずつ　かきましょう。** （１つ５てん）

(1) スイカわり　（　　　）

(2) スケート　（　　　）

(3) くりひろい　（　　　）

なつ　　あき　　ふゆ

2 どうぐを　つかわずに　うんどうじょうで　クラスの　みんなで　あそびます。どのような　あそびが　できますか。**できる　あそびを　２つ　かんがえて　かきましょう。** （１つ５てん）

（　　　　　　　　）

（　　　　　　　　）

3 つぎの　えは，むかしから　あそばれて　いる　あそびです。**あそびの　名《な》まえを　あとの　ア～オから　１つずつ　えらんで，きごうで　かきましょう。** （１つ５てん）

(1)

（　　　）

(2)

（　　　）

(3)

（　　　）

(4)

（　　　）

(5)

（　　　）

ア　けんだま
イ　あやとり
ウ　こままわし
エ　おてだま
オ　たこあげ

じかん	とくてん
15ふん	
ごうかく 40てん	50てん

上級レベル 68 みんなで　あそぼう

生活⑳

1 つぎの　あそびを　する　とき，どのような　ことに　ちゅういしたら　よいですか。**あとの　ア～エから　2つずつ　えらんで，きごうで　かきましょう。**（1つ5てん）

(1)

(2)

（　　　）（　　　）　（　　　）（　　　）

ア　じゅんばんを　まもる。

イ　ごみを　ごみばこに　すてる。

ウ　つかった　どうぐを　もとの　ところに　もどす。

エ　うしろから　おさない。

2 つぎの　あそびの　うたや　かけごえを　あとの　ア～エから　1つずつ　えらんで，きごうで　かきましょう。（1つ10てん）

(1)

(2)

（　　　）　（　　　）

ア　かって　うれしい　はないちもんめ

イ　かごめ　かごめ

ウ　おしくらまんじゅう　おされて　なくな

エ　とおりゃんせ　とおりゃんせ

3 いえの　中《なか》で　できる　あそびを　すべて　えらんで，○を　つけましょう。（10てん）

おはじき（　　　）　はねつき（　　　）

かるた（　　　）　あやとり（　　　）

たこあげ（　　　）　ふくわらい（　　　）

なわとび（　　　）　トランプ（　　　）

69 最上級レベル 1

生活㉑

じかん	とくてん
15ふん	
ごうかく 40てん	50てん

1 ひろきさんは それぞれの きせつで たべた ものに ついて しらべました。つぎの たべものは，どの きせつに たべた ものですか。**それぞれ きせつを かきましょう。**（1つ5てん）

(1) かしわもち

（ ）

(2) カキ

（ ）

(3) スイカ

（ ）

(4) おぞうに

（ ）

2 ちかさんは 1年《ねん》かん サクラの 木《き》を かんさつし，スケッチを しました。**つぎの もんだいに こたえましょう。**

(1) つぎの えは どの きせつに かいた ものですか。それぞれ きせつを かきましょう。

（1つ5てん）

①

（ ）

②

（ ）

③

（ ）

④

（ ）

(2) ふゆと はるの サクラの 木の ちがいを 1つ かきましょう。（10てん）

（ ）

70 最上級レベル ②

生活㉒

1 さちこさんは　そだてた　ヒマワリの　せの　たかさや　ようすを　しらべて　まとめました。**あとの　もんだいに　こたえましょう。**

日《ひ》づけ	たかさ〔cm〕	よ　う　す
5／10		たねを　まいた。
5／20	1	めが　出《で》た。
5／30	3	はが　できた。
6／10	10	はの　かずが　ふえた。
6／15	20	くきが　ふとく　なった。
6／25	50	大《おお》きな　はが　できた。
7／5	80	アブラムシを　とった。
7／10	110	つぼみが　できた。
7／25	160	花《はな》が　さいた。
8／10	155	花が　かれた。
9／10	150	たねを　とった。

(1) ヒマワリの　たねは　どれですか。　つぎの　ア～エから　1つ　えらんで，きごうで　かきましょう。（10てん）（　　　）

ア

イ

ウ

エ

(2) ヒマワリの　せが　いちばん　たかく　なったのは　なん月《がつ》　なん日《にち》ですか。日《ひ》づけを　かきましょう。（10てん）（　　　月　　　日）

(3) さちこさんは，右《みぎ》の　ように　ヒマワリの　くきに　しるしを　つけました。2日ごの　ヒマワリの　ようすを　見《み》て，気《き》が　ついた　ことを　かきましょう。（30てん）

（　　　　　　　　　　）

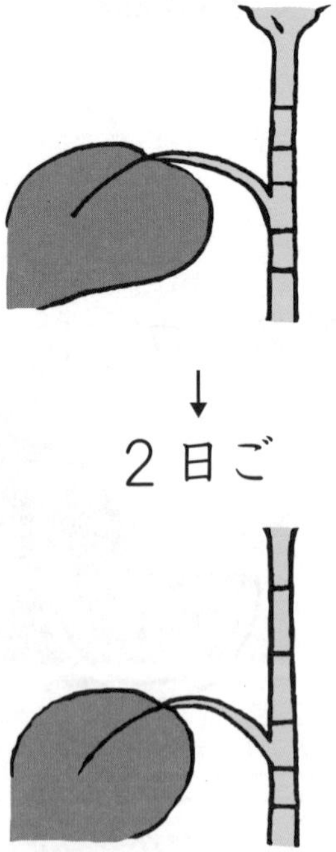

じかん 15ふん	とくてん
ごうかく 40てん	50てん

71 最上級レベル 3

生活㉓

1 つぎの　えの　いきものの　名《な》まえを　かきましょう。（1つ5てん）

(1) キュウリを　よく　たべる。

(2) 石《いし》の　下《した》に　すんでいる。

（　　　）　（　　　）

(3) せなかに　くろい　はんてんが　ある。

(4) 雨《あめ》の　日《ひ》に　よく　見《み》られる。

（　　　）　（　　　）

2 右《みぎ》の　えを　見て　こたえましょう。（1つ5てん）

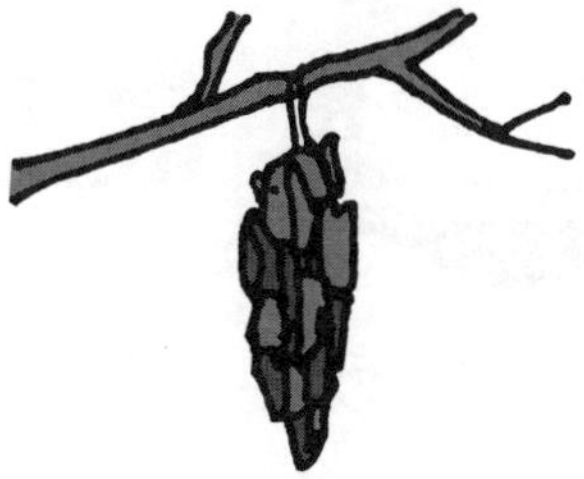

(1) この　いきものの　名まえを　かきましょう。

（　　　）

(2) この　いきものが　見られる　きせつを　1つ　かきましょう。（　　　）

(3) この　いきものは，からだの　まわりに　なにを　くっつけて　いますか。かきましょう。

（　　　）

3 つぎの　えを　見て　こたえましょう。

(1) ふゆの　日に　水《みず》を　入《い》れた　バケツは　どのように　なって　いたでしょうか。かきましょう。（5てん）

（　　　）

(2) なぜ　(1)の　ように　なったか，りゆうを　かきましょう。（10てん）

（　　　）

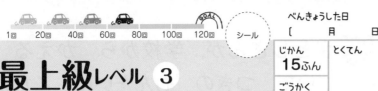

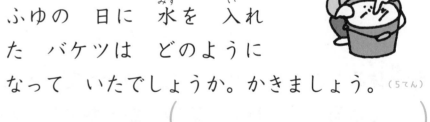

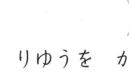

べんきょうした日〔　月　日〕

じかん	とくてん
15ふん	
ごうかく 40てん	50てん

72 最上級レベル 4

生活㉔

1 あさ，先生《せんせい》に　あった　ときの　あいさつの　ことばを　かきましょう。（5てん）

（　　　　　　　　）

2 つぎの　学校《がっこう》の　へやの　名《な》まえを　かきましょう。（1つ5てん）

(1)

（　　　　　　　　）

(2)

（　　　　　　　　）

3 休《やす》みじかんに　ボールを　つかって　みんなで　できる　あそびを　2つ　かんがえて，かきましょう。（1つ10てん）

（　　　　　　　　）

（　　　　　　　　）

4 さとしさんが，学校から　かえる　ようすに　ついて，つぎの　もんだいに　こたえましょう。

(1) あんぜんに　気《き》を　つけて　かえって　いない　ものを，つぎの　ア～エから　1つ　えらんで，きごうで　かきましょう。（5てん）（　　　）

ア

イ

ウ

エ

(2) (1)で　えらんだ　ものは，なにに　気を　つけると　よい　でしょうか。かきましょう。（10てん）

（　　　　　　　　）

ひらがな

1 「あ」～「の」の じゅんに なるように、あいて いる ところを うめましょう。（9てん）

	た		か	あ
に		し	き	い
	つ		く	
		せ		
の	と	そ		お

2 「は」～「を」の じゅんに なるように、あいて いる ところを うめましょう。（9てん）

	ら			
い		い		ひ
う	る		む	
え	れ	え		
			も	ほ

3 えを みて、あてはまる ひらがなを かきましょう。（一つ4てん）

①  さ□な

②  く□ま

③  みか□

④  □たみ

4 あてはまる ひらがなを かきましょう。（一つ4てん）

あさから と□も いい て□きです。これから かあさんと かい□のに い□ます。

国語

べんきょうした日〔 月 日〕

じかん 15ふん

ごうかく 40てん

とくてん 50てん

シール

ひらがな

べんきょうした日（　月　日）

じかん	ごうかく	とくてん
15ふん	40てん	50てん

シール

1 うえから じゅんに なるように、あいて いる ところを うめましょう。（10てん）

ぱ			ざ	
	び	ぢ		ぎ
ぷ			ず	
	べ	で		げ
ぽ			ぞ	ご

2 えを みて、あてはまる ひらがなを かきましょう。（一つ4てん）

①  か□

②  す□

③  えん□つ

④  せん□うき

3 えを みて、あてはまる ひらがなを かきましょう。（一つ3てん）

① 

とも□ちと □んわで はなしました。

② 

お□あさんと いえで あそ□ました。

③ 

たん□□を つみな□ら あるきました。

④ 

てつ□うで さかあ□りを しました。

ちいさい じの ある ことば

じかん 15ふん
ごうかく 40てん
とくてん　　　50てん
べんきょうした日（　月　日）
シール

1

えを みて あてはまる ひらがなを かきましょう。（一つ3てん）

①  おもち□

②  き□うり

③  にんぎ□う

④  くし□み

⑤  うち□う

⑥ 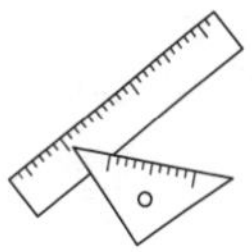 じ□うぎ

⑦  ちき□う

⑧  でんし□

2

ちいさく かく ところを ○で かこみましょう。（一もん4てん）

① しようぼうしやが はしって います。

② としよしつで どくしよを しました。

3

まちがって いる ところを なおして かきましょう。（一もん6てん）

① しゆうじを ならって、じが じようずに なりました。

② ひやっかてんで じしよを かいました。

③ おしようがつに なったら、おもちを たくさん たべましょう。

ちいさい じの ある ことば

1 20 40 60 80 100 120（回）

べんきょうした日（　月　日）

じかん	15ふん
ごうかく	40てん
とくてん	シール　50てん

1

えを みて、あてはまる ひらがなを かきましょう。（一つ2てん）

① 
ち□うしゃ

② 
じ□んけん

③ 

ぎ□うにゅう

④ 
り□こう

⑤ 
し□うじ

2

あてはまる ことばを えらんで、かきましょう。（一つ5てん）

① おおきな めで（　　）と みる。

② ほそい くきが（　　）と のびる。

③（　　）と おとを たてて おゆが わく。

④ かえるが（　　）と とぶ。

ひょろひょろ　しゅんしゅん　ぴょんぴょん　ぎょろぎょろ

3

あてはまる ひらがなを かきましょう。（一つ4てん）

① わたしの いえの ちゅうし□じょうは とても せまいです。

② わたしは り□うりを つくるのが すきです。おかあさんと おし□べりしながら つくります。

③ じ□うたんの うえは やわらかくて、きもちが いいです。とても じ□うとうな ものを えらんだ そうです。

のばす おんの ある ことば

べんきょうした日〔 月 日〕

じかん 15ふん

ごうかく 40てん

とくてん

50てん

シール

1 えを みて、あてはまる ひらがなを かきましょう。（一つ2てん）

①  お□さま

②  とけ□

③  せんせ□

④ 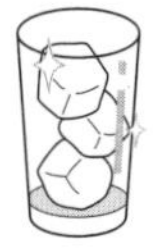 こ□り

⑤  てつぼ□

2 まちがって いる ひらがなを ○で かこみましょう。（一つ2てん）

① けえさつ

② いもおと

③ とうせんぼ

④ おぼおさん

⑤ どおろ

3 あてはまる ひらがなを かきましょう。（一つ5てん）

① 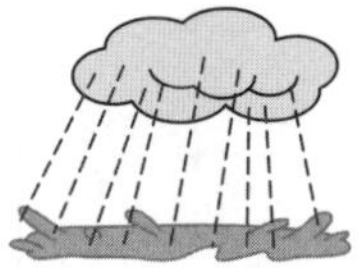 お□あめが ふりました。

②  がっしょ□を しました。

③  にわの そ□じを しました。

④  こ□ろぎが なきました。

⑤  おべんと□を たべました。

⑥ 

みちで こ□じを して いました。

上級 レベル

78

国語⑥

のばす おんの ある ことば

1 20 40 60 80 100 120 (回)

べんきょうした日（　月　日）

じかん 15ふん

ごうかく 40てん

とくてん　　　／50てん

シール

1

まちがって いる ところを なおして かきましょう。（一つ4てん）

① とおふ（　　　）

② すいとお（　　　）

③ おうかみ（　　　）

④ おとおさん（　　　）

⑤ おねいさん（　　　）

⑥ ほおせんか（　　　）

⑦ きょおしつ（　　　）

⑧ おうだいこ（　　　）

2

まちがって いる ところを なおして、ぶんを かきましょう。（一もん5てん）

① とうくの くにへ いって みたいです。

② ひこおきに のって がいこくへ りょこおしたいです。

③ わたしは けえさんが にがてです。

3

あてはまる ことばを かきましょう。（3てん）

ご→ろく→しち→はち→きゅう→（　　　）

「は」「を」「へ」の つかいかた

じかん 15ふん
ごうかく 40てん
とくてん　　50てん
シール

1 「は」、「を」、「へ」の どれかを かきましょう。（一つ3てん）

① あれ□やまです。

② ほん□よみましょう。

③ がっこう□いきます。

④ かがみ□みます。

⑤ わたしの いえ□き
て ください。

⑥ あなた□だれですか。

2 ただしい ほうに ○を つけましょう。（一つ4てん）

① ここ｛は／わ｝ぼくの いえです。

② ははが くるの｛お／を｝まって います。

③ そと｛へ／え｝でて あそびましょう。

3 まちがって いる ところを なおして、ぶんを かきましょう。（一もん5てん）

① ここにわ ごみお をか
ないで ください。

② なつに なると をじさ
んの いええ いきます。

③ かぜお ひいて、をいしゃ
さまに かかりました。

④ こうえんえ いったら、
そこにわ だれも いませ
んでした。

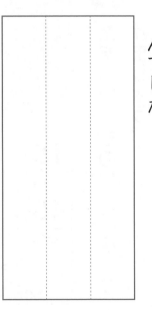

「は」「を」「へ」の つかいかた

べんきょうした日〔 月 日〕

じかん 15ふん
ごうかく 40てん
とくてん 50てん
シール

1

「は」、「を」、「へ」の どれかを かきましょう。（一つ3てん）

① たのしい ほん□よんで いれば、わたし□しあわせです。

② おやどり□ たまご□ あたためます。

③ おもちゃ□ かいに、いつもの みせ□ いきました。

④ じゅんびが できたので、やま□ むかいましょう。そこまで□ けっこう とおいですよ。

2

まちがって いる ひらがなを ○で かこみましょう。（6てん）

おとうとわ いつも ひとりでわ ごはんお たべられません。

3

ただしい ものに ○を つけましょう。（一つ5てん）

①
- （　）うんどおした ひは、よく ねむれます。
- （　）うんどうした ひは、よく ねむれます。
- （　）うんどうした ひわ、よく ねむれます。

②
- （　）びじゅつかんへ いって、えを みます。
- （　）びじゅつかんへ いって、えお みます。
- （　）びじゅつかんえ いって、えを みます。

③
- （　）こうりを くちの なかえ いれました。
- （　）こおりを くちの なかへ いれました。
- （　）こおりを くちの なかえ いれました。

④
- （　）にわへ でて いきお すいました。
- （　）にわえ でて いきを すいました。
- （　）にわへ でて いきを すいました。

標準レベル

81

国語⑨

まるとてん、「」のつかいかた

じかん 15ふん

ごうかく 40てん

とくてん　　／50てん

シール

べんきょうした日（　月　日）

1 「。」を ひとつずつ つけましょう。（一つ2てん）

① あさから たくさん あめが ふりました

② さあ、はやく おきて かおを あらいなさい

③ さむかったので、こたつに はいりました

④ きょうは どこへ いきましょうか

2 「、」を ひとつずつ つけましょう。（一つ4てん）

① かぜを ひきました。だから はやく ねました。

② いそいで いたので はしって かえりました。

③ わたしの いえは とおくは ありません。

④ ほんを よみますか。それとも えを かきますか。

⑤ おにいちゃんが わたしを よんで いるので なんだろうと おもいながら いきました。

3 「、」を ふたつ つけましょう。（一つ3てん）

おんがくを ならって います。いっしょうけんめい れんしゅうして がっきを じょうずに ひきたいです。なかなか うまく なりませんが さいごまで がんばりたいです。

4 つける ひつようの ない 「、」を ひとつずつ みつけて、×をつけましょう。（一つ4てん）

① こんにちはと、あいさつを、しました。

② あすは わたしの たんじょうびです。ともだちが、たくさん いえに きて、くれます。

③ いそいで、はしると あぶないので、ゆっくり いきなさい。

④ はなに みずを あげる ために、じょうろに、みずを くみました。

国語

上級 レベル 82 国語⑩

まると てん、「 」の つかいかた

1 20 40 60 80 100 120(回)

べんきょうした日〔 月 日〕

じかん 15ふん
ごうかく 40てん
とくてん 　 50てん
シール

1 「 」の つけかたが ただしい ものに ○、まちがって いる ものに ×を かきましょう。(一つ6てん)

① （ ）わたしは、「さような」らと、ともだちに いいました。

② （ ）おかあさんが「はやく しなさいと いったので」、わたしは いそぎました。

③ （ ）「もうすぐ なつやすみだね」と、あにが いいました。

2 「、」が つく ところを ふたつ えらんで 「、」を かきましょう。(一つ6てん)

おかあさんから おつかいを（ ）たのまれました。はじめての おつかいなので（ ）おにいちゃんと いきました。おにいちゃんは いつも あかるくて（ ）とても（ ）たよりに なります。

3 つぎの いみを あらわすように、「、」を ひとつずつ つけましょう。(一つ5てん)

①

・ねて いたのが じぶんで あるように。

ぼくは ねながら ほんを よむ おとうとを よびました。

・ねて いたのが おとうとで あるように。

ぼくは ねながら ほんを よむ おとうとを よびました。

②

・ほんを よんだのが ぼくで あるように。

いもうとは ほんを よんでから あそぶ ぼくを みて いた。

・ほんを よんだのが いもうとで あるように。

いもうとは ほんを よんでから あそぶ ぼくを みて いた。

かたかな（1）

べんきょうした日（　月　日）

じかん 15ふん
ごうかく 40てん
とくてん　　　50てん
シール

1 かたかなで　かきましょう。（一つ2てん）

① はんかち（　　　）
② らいおん（　　　）
③ くれよん（　　　）
④ あいろん（　　　）
⑤ ほわいと（　　　）
⑥ ねくたい（　　　）
⑦ こすもす（　　　）

2 かたかなで　かきましょう。（一つ3てん）

① くうらあ（　　　）
② ふるうつ（　　　）
③ しいそう（　　　）
④ まふらあ（　　　）
⑤ くりいむ（　　　）
⑥ こおひい（　　　）

3 かたかなで　かきましょう。（一つ3てん）

① ざあざあ（　　　）
② ぺんぎん（　　　）
③ おるがん（　　　）
④ ごりら（　　　）
⑤ げえむ（　　　）
⑥ ぎたあ（　　　）

上級 レベル 84 国語⑫

かたかな(1)

べんきょうした日（　月　日）

じかん 15ふん
ごうかく 40てん
とくてん
シール
50てん

1～120(回) GOAL

1

かたかなで かく ことばが ふたつずつ あります。さがして かたかなに なおしましょう。（一もん4てん）

① すぷうんで ぷりんを たべました。

（　　）（　　）

② しろい ますとを たてて いる よっと。

（　　）（　　）

③ ぱぱと ままは いつも やさしいです。

（　　）（　　）

④ かめらの れんずを ふきました。

（　　）（　　）

⑤ ぴんくの らんどせるが ほしいです。

（　　）（　　）

2

かたかなで かく ことばを さがして、かたかなに なおしましょう。（一もん5てん）

① でぱあとの まえに ぽすとが あります。

（　　）（　　）

② がらすに、かぜが びゅうびゅうと ふきつけて います。

（　　）（　　）

③ くりすますに なったら、さんたくろおすが やって きます。

（　　）（　　）

3

まちがって いる ことばが みっつ あります。×を つけましょう。（一つ5てん）

おとうさんは コーヒイが だいすきです。いつも ミルクを いれて カツフで のみます。わたしは、ジュスを のみます。

標準レベル

85 かたかな（2）

国語⑬

1 かたかなで　かきましょう。（一つ3てん）

①りゅっく（　　）

②しゃぼん（　　）

③きゃべつ（　　）

④ちょおく（　　）

⑤そっくす（　　）

⑥くっきい（　　）

⑦らけっと（　　）

⑧ちゃっく（　　）

2 つぎの　ことばを　ひらがなと　かたかなで　かきましょう。（一つ4てん）

①あんないせんたあ（　　）

②けんきゅうのおと（　　）

③さんすうどりる（　　）

④かんじくいず（　　）

⑤でんきすとおぶ（　　）

3 かたかなで　かく　ことばを　さがして、かたかなに　なおしましょう。（一もん3てん）

①しゃつを　きて、さんだるを　はいて　いる　おじさん。

（　　）（　　）

②ぴあのの　えんそうを　ほおるで　ききました。

（　　）（　　）

1　20　40　60　80　100　120（回）

国語

べんきょうした日〔　月　日〕

じかん	15ふん
ごうかく	40てん
とくてん	/50てん

シール

上級レベル

86

国語⑭

かたかな(2)

1　20　40　60　80　100　120(回)

べんきょうした日（　月　日）

じかん 15ふん

ごうかく 40てん

とくてん　　50てん

シール

1

かたかなで　かきましょう。（一つ4てん）

① どっじぼおる（　　　）

② ちゅうりっぷ（　　　）

③ とまとけちゃっぷ（　　　）

④ すぱげってぃ（　　　）

⑤ こんぴゅうた（　　　）

2

おとを　あらわす　ことばを　かたかなに　なおしましょう。（一つ4てん）

① かみなりが　ごろごろと　なる。（　　　）

② すずが　ちりんちりんと　なる。（　　　）

③ たいこを　どんと　たたく。（　　　）

④ ひよこが　ぴよぴよ　ないて　いる。（　　　）

3

かたかなで　かく　ことばを　みつけて、かたかなに　なおしましょう。（一もん7てん）

① ぱそこんを　つかって　いんたあねっとで　しらべものを　しました。（　　　）

② わたしの　かよう　すいみんぐすくうるには、れすとらんが　あって　たのしいです。（　　　）

標準レベル

87 まとめて いう ことば

国語⑮

国語

べんきょうした日〔　月　日〕

じかん 15ふん

ごうかく 40てん

とくてん　　／50てん

シール

1 なかまに ならない ものに ○を つけましょう。（一つ4てん）

① どうぶつ
（　）いぬ　（　）ねこ
（　）くるま　（　）ぞう

② ようふく
（　）ズボン
（　）せびろ
（　）コート
（　）スコップ

③ かもく
（　）がっこう
（　）こくご
（　）さんすう
（　）たいいく

2 まとめて いう ことばを えらんで、○で かこみましょう。（一つ4てん）

① マーチ　おんがく
どうよう　がっしょう

② スリッパ　サンダル
はきもの　ながぐつ

3 まとめて いう ことばを あとから ひとつずつ えらびましょう。（一つ4てん）

① せんべい　どらやき
プリン　ケーキ（　）

② かなづち　えんぴつ
のこぎり　はさみ（　）

③ カレー　ぎょうざ
せきはん　すし（　）

④ とんぼ　ちょう
ばった　こおろぎ（　）

ア むし　イ はな
ウ おかし　エ どうぐ
オ りょうり

4 まとめて いうと つぎの ことばに なる ものを みっつずつ かきましょう。（一もん7てん）

① のりもの
（　）（　）（　）

② でんきせいひん
（　）（　）（　）

まとめて いう ことば

べんきょうした日（　月　日）

じかん	ごうかく	とくてん
15ふん	40てん	／50てん

シール

1 まとめて いう ことばを あとから ひとつずつ えらびましょう。（一つ6てん）

①（　　）いす　テーブル　ベッド　タンス

②（　　）せんせい　しょうぼうし　コック　うんてんしゅ

③（　　）いえ　ビル　たいいくかん　マンション

ア しごと　イ スポーツ　ウ たてもの　エ よみもの　オ たべもの　カ かぐ

2 まとめて いう ことばを かきましょう。（一つ6てん）

① ひまわり　すみれ　ばら　さくら　コスモス（　　）

② アメリカ　フランス　にほん　ドイツ　スペイン（　　）

3 まとめて いう ことばを ひとつずつ えらんで、○を つけましょう。（一つ5てん）

①（　）うし（　）ねずみ（　）とり（　）どうぶつ

②（　）でんしゃ（　）バス（　）のりもの（　）じてんしゃ

③（　）めだか（　）さかな（　）さんま（　）いわし

④（　）さくら（　）ひまわり（　）しょくぶつ（　）いちょう

いろいろな　ことば　(1)

べんきょうした日〔　月　日〕

じかん	15ふん
ごうかく	40てん
とくてん	50てん

シール

1

えを　みて　あてはまる　ことばを　かきましょう。（一つ2てん）

①

たかく（　　　）。

②

ボールを（　　　）。

③

バスに（　　　）。

④

てを（　　　）。

2

えを　みて　あてはまる　ことばを　あとから　えらんで　かきましょう。（一つ3てん）

①
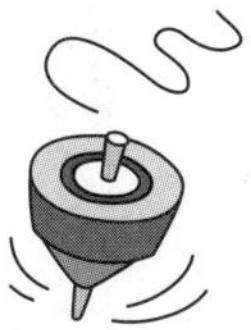
（　　　）まわる。

②

（　　　）と　にたつ。

③

（　　　）ふるえる。

④

（　　　）と　みる。

ぐらぐら	じろじろ
くるくる	ぶるぶる

3

ものを　かぞえる　ときの　ことばを　かきましょう。（一つ3てん）

①

（　　　）の　ねこ。

②
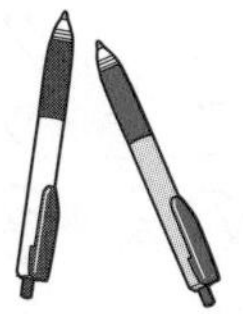
（　　　）の　ペン。

③

（　　　）の　ほん。

④

（　　　）の　くるま。

⑤

（　　　）の　え。

⑥

（　　　）の　こども。

4

つぎの　なまえが　なにを　あらわすかを　かきましょう。（一つ6てん）

①〔さんま　あじ　ひらめ　たい〕（　　　）

②〔なす　いも　にんじん　だいこん〕（　　　）

いろいろな ことば (1)

べんきょうした日〔　月　日〕

じかん	ごうかく	とくてん
15ふん	40てん	／50てん

シール

1 あてはまる ことばを あとから えらんで かきましょう。（一つ3てん）

① えきに ついて、でんしゃから（　　　）。

② とても あついので、うちわで（　　　）。

③ となりの ひとの かおを（　　　）。

④ いそいで はしって いきを（　　　）。

⑤ きれいな えを たくさん（　　　）。

のぞく	おりる
あつめる	みがく
きらす	あおぐ

2 あう ことばを ――で むすびましょう。（一つ3てん）

① きらきら・　　・およぐ

② すいすい・　　・くれる

③ もぐもぐ・　　・ひかる

④ にっこり・　　・たべる

⑤ とっぷり・　　・わらう

3 あてはまる ことばを えらんで、かきましょう。（一つ2てん）

①（　　　）の とりが、（　　　）の くるまの やねの うえに いました。

②（　　　）だての ビルが（　　　）たって います。

③（　　　）の ふねで、（　　　）の さかなを つりました。

④ みんなで（　　　）の こうちゃと（　　　）の クッキーを たべました。

⑤ この（　　　）の うたを（　　　）で うたいましょう。

にそう	よんかい
ろくわ	にきょく
さんにん	いちだい
じゅうまい	ふたむね
ひゃっぴき	さんばい

いろいろな ことば (2)

べんきょうした日〔 月 日〕

じかん 15ふん

ごうかく 40てん

とくてん 50てん

シール

1

つぎの なまえが なにを あらわすかを かきましょう。（一つ5てん）

① でんしゃ バス くるま （　　　）

② シャツ セーター コート （　　　）

③ すぎ いちょう まつ （　　　）

④ はし コップ さら （　　　）

2

あてはまる ことばを えらんで、かきましょう。（一つ3てん）

① ともだちの はなしを （　　　）。

② この えを かべに （　　　）。

③ ほんを がっこうの ろうかで （　　　）。

かける きく おとす

3

あてはまる ことばを えらんで かきましょう。（一つ3てん）

① いしのように （　　　）。

② ゆうひのように （　　　）。

③ やまのように （　　　）。

④ はねのように （　　　）。

⑤ うみのように （　　　）。

あかい たかい ふかい やすい おもい かるい

4

「ひらく」が あてはまる ものを ふたつ えらびましょう。（一つ3てん）

（　）おはなが □。

（　）おひさまが □。

（　）ドアが □。

（　）ちゃわんが □。

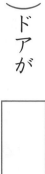

いろいろな　ことば　(2)

べんきょうした日（　　月　　日）

じかん 15ふん
ごうかく 40てん
とくてん　　／50てん
シール

1 えを　みて　あてはまる　ことばを　かきましょう。（一つ4てん）

① 
ほんを（　　　　）。

② 
くもを（　　　　）。

③ 
おおごえで　ともだちを（　　　　）。

④ 
にもつを　せおって　みちを（　　　　）。

2 すべてに　あてはまる　ことばを　かきましょう。（6てん）

・はるが □。
・たんじょうびが □。
・じゅんばんが □。

3 つながる　ことばを　えらんで　かきましょう。ただし、おなじ　ことばを　にど　つかっては　いけません。（一つ3てん）

① くよくよ（　　　　）
② うっかり（　　　　）
③ ぶらぶら（　　　　）
④ わずかに（　　　　）

のこる　なやむ　あるく　わすれる

4 ――の　ことばに　あてはまる　ものを　あとから　えらびましょう。（一つ4てん）

① つるつる　する。（　　）（　　）
② こわごわ　すすむ。（　　）（　　）
③ ゆったり　すごす。（　　）（　　）
④ はきはき　はなす。（　　）（　　）

ア　おそろしがる　ようす。
イ　げんきが　いい　ようす。
ウ　なめらかな　ようす。
エ　くつろいで　いる　ようす。

かん字の よみ (1)

べんきょうした日（　月　日）

じかん	15ふん
ごうかく	40てん
とくてん	50てん

シール

1 ――の かん字《じ》の よみかたを かきましょう。（一つ2てん）

① じかんが 足（　）りない。

② つくえの 下（　）。

③ まい日《にち》 げん気（　）だ。

④ 九（　）ひきの ねこ。

⑤ お金（　）を はらう。

⑥ 空《そら》には 月（　）が 見《み》える。

⑦ 糸（　）でんわを つくる。

⑧ さかみちを 上（　）る。

⑨ 生（　）きものが すきだ。

⑩ 草（　）かりを する。

⑪ 男（　）の子が あそぶ。

2 かん字《じ》と 正《ただ》しい よみかたを ――で むすびましょう。（一つ2てん）

① 貝・　　・みみ

② 耳・　　・かわ

③ 川・　　・ゆう

④ 夕・　　・かい

3 ――の かん字の よみかたを かきましょう。（一つ2てん）

① 足（　）と 手（　）に ほくろが あります。

② 水（　）を かけて 火（　）を けす。

③ 大（　）きな 虫（　）を つかまえました。

④ ちいさな 女（　）の子（　）が あるいて います。

⑤ 森（　）の なかに 入（　）って いこう。

かん字の よみ (1)

1 ——の かん字《じ》の よみかたを かきましょう。（一つ4てん）

① もうすぐ　休（　　）みじかんだ。

② 口（　　）を　あける。

③ 手（　　）を　つなぐ。

④ たくさん　水（　　）を　のむ。

⑤ 先（　　）に　いえを　出《で》る。

2 ——の かん字《じ》の よみかたを かきましょう。（一つ2てん）

① 本気（　　）で　とりくむ。

② 草花（　　）を　あつめる。

③ 月日（　　）が　すぎる。

④ 大空（　　）を　みる。

3 ——の かん字の よみかたを かきましょう。（一もん2てん）

① 竹（　　）ざいく・竹（　　）わ

② 男（　　）らしさ・男（　　）し

③ 白（　　）ざとう・こう白（　　）

④ 早（　　）あし・早（　　）ちょう

⑤ 車（　　）どめ・かんらん車（　　）

⑥ 天（　　）もんだい・天（　　）のがわ

⑦ 青（　　）ぞら・青（　　）しゅん

⑧ 雨（　　）やどり・雨（　　）ふり

⑨ 出（　　）る・出（　　）す

⑩ 赤（　　）とんぼ・赤（　　）はん

⑪ げん気（　　）・火の気（　　）

べんきょうした日〔　月　日〕

じかん 15ふん

ごうかく 40てん

とくてん　　　/50てん

シール

1　20　40　60　80　100　120(回)

標準 レベル

95

国語㉓

かん字の よみ (2)

1 ―の かん字《じ》の よみかたを かきましょう。（一つ2てん）

① 車いす（　　）

② 青いろ（　　）

③ となり町（　　）

④ 雨もよう（　　）

⑤ 目がしら（　　）

⑥ 立ちあがる（　　）

⑦ 足しざん（　　）

⑧ 夕やけ（　　）

⑨ 音ぷ（　　）

⑩ 火ばしら（　　）

2 ―の かん字の よみかたを かきましょう。（一つ2てん）

① 学校で まなぶ。（　　）

② 森林が ひろがる。（　　）

③ 男子が あつまる。（　　）

④ 先生に あう。（　　）

3 つぎの かずの よみかたを かきましょう。（一つ1てん）

① 一つ（　　）（　　）

② 二つ（　　）（　　）

③ 三つ（　　）（　　）

④ 四つ（　　）（　　）

⑤ 五つ（　　）（　　）

⑥ 六つ（　　）（　　）

⑦ 七つ（　　）（　　）

⑧ 八つ（　　）（　　）

⑨ 九つ（　　）（　　）

⑩ 十日（　　）（　　）

4 あてはまるように かん字の よみかたを かきましょう。（一つ2てん）

① 白

（　　）い

（　　）ちょう

（　　）ゆり

② 出

（　　）口《ぐち》

（　　）す

（　　）ぱつ

国語

べんきょうした日（　月　日）

じかん 15ふん

ごうかく 40てん

とくてん　　50てん

シール

1 20 40 60 80 100 GOAL 120（回）

かん字の よみ (2)

べんきょうした日〔　月　日〕

じかん 15ふん

ごうかく 40てん

とくてん　　／50てん

シール

1

——の かん字《じ》の よみかたを かきましょう。（一つ2てん）

① さかなの 目玉。

② せきが 空く。

③ かいだんで 上に いく。

④ サッカーが 大すきだ。

⑤ あなの 中を のぞく。

⑥ あそこに 町が 見《み》える。

2

——の かん字の よみかたを かきましょう。（一つ1てん）

① 水どう・水すまし

② 草むら・草げん

③ 年うえ・年れい

④ じつ力・力もち

3

——の かん字の よみかたを かきましょう。（一もん3てん）

① 耳を 赤く する。

② 名月を 見て たのしむ。

③ 貝を 糸で むすぶ。

④ 王女さまが 生まれる。

⑤ 川の なかに ひそむ 虫。

⑥ 村の はずれに ある 田。

⑦ 土から 竹が はえる。

⑧ あすの 天気を しらべる。

⑨ 字を よく 見て かく。

⑩ 左右をよく見《み》る。

かん字の かき (1)

べんきょうした日 (　月　日)

じかん 15ふん
ごうかく 40てん
とくてん　　50てん
シール

1 かん字《じ》で かきましょう。(一つ2てん)

①  おとこ
② 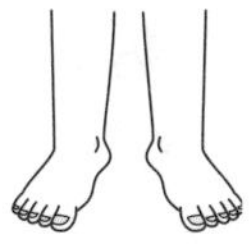 あし
③  はやし
④  むし
⑤  ほん

2 ——の ことばを かん字で かきましょう。(一つ3てん)

① なまえを いう。
② いしを なげる。
③ くさを ふむ。
④ はやく つく。
⑤ まるい お金《かね》。

3 すう字を かん字で かきましょう。(一つ1てん)

① 1
② 2
③ 3
④ 4
⑤ 5
⑥ 6
⑦ 7
⑧ 8
⑨ 9
⑩ 10

4 ——の ことばを かん字で かきましょう。(一つ3てん)

① ひばなが ちる。
② つきひが たつ。
③ いとぐるま
④ がっこうへ いく。
⑤ せんえんの ふくを かう。

上級 レベル

98

国語㉖

かん字の かき (1)

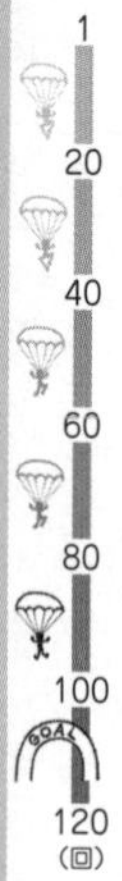

べんきょうした日（　月　日）

じかん	15ふん
ごうかく	40てん
とくてん	/50てん

シール

1 □に かん字《じ》を かきましょう。（一つ3てん）

① □《かわ》が ながれる。

② へやから □《で》る。

③ たかい □《やま》に のぼる。

④ □《ただ》しく こたえる。

⑤ しばらく □《やす》む。

⑥ つめたい □《みず》を のむ。

2 いろを あらわす ことばを かん字で かきましょう。（一つ2てん）

① あか　□

② あお　□

③ きん　□

④ しろ　□

⑤ みず　□

3 かん字で かきましょう。（一つ2てん）

① □《あま》□《おと》が きこえる。

② □《ひだり》□《て》で なげる。

③ □《ゆう》□《だち》が ふる。

④ □《おお》□《ぞら》を みる。

⑤ □《き》□《りょく》を ふるう。

⑥ □《せん》□《せい》の じゅぎょう。

⑦ □《じょ》□《おう》さまの ことば。

⑧ □《せん》□《ねん》いじょう まえ。

⑨ □《ど》□《ぼく》こうじ。

⑩ □《てん》□《もん》だいに いく。

⑪ □《がっ》□《こう》が すきだ。

かん字の かき (2)

じかん 15ふん
ごうかく 40てん
とくてん　　50てん
シール
べんきょうした日（　月　日）

1 かん字《じ》で かきましょう。（一つ2てん）

①  あめ □
②  くさ □
③ 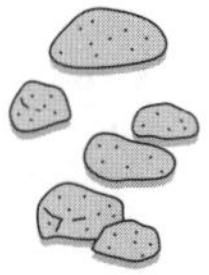 いし □
④  もり □
⑤  はな □

2 ——の ことばを かん字で かきましょう。（一つ3てん）

① みみを すます。 □
② むらの まつり。 □
③ かいがらを ひろう。 □
④ たまいれを する。 □
⑤ まちはずれの みせ。 □
⑥ ちからを あわせる。 □

3 かん字で かきましょう。（一つ2てん）

① おおきな □《き》。
② わかい □《じょ》せい。
③ □《ちい》さな さかな。
④ □《め》を むける。
⑤ まっ□《しろ》な くも。
⑥ □□《ほんき》を だす。
⑦ □□《ちくりん》の なか。
⑧ □□《すいしゃ》が まわる。
⑨ □□《がっこう》に かよう。
⑩ □□《あおぞら》が ひろがる。
⑪ いすから □《た》つ。

かん字の かき (2)

べんきょうした日〔　月　日〕

じかん 15ふん
ごうかく 40てん
とくてん　　50てん
シール

1 かずを かん字《じ》で かきましょう。（①2てん、②～④一つ4てん）

① せん □

② はちじゅう □□

③ ごひゃく □□

④ よんせんにひゃく □□□□

2 ――の ことばを かん字で かきましょう。（一つ2てん）

① むしの しらせ。 □

② いぬと あるく。 □

③ ひで もやす。 □

④ ちからを つくす。 □

⑤ あしを あげる。 □

⑥ いしを ひろう。 □

⑦ あかちゃんが なく。 □

3 かん字で かきましょう。（一つ2てん）

① くろい □《つち》。

② □《かわ》を くだる。

③ お□《かね》を はらう。

④ □《ただ》しく かんがえる。

⑤ □《いと》を つむぐ。

⑥ □《じょ》□《し》の にんずう。

⑦ □《せい》□《ねん》が がっぴ。

⑧ □《しろ》□《め》を むく。

⑨ □《さき》に かえる。

⑩ □《ゆう》□《ひ》が しずむ。

⑪ となり□《むら》に いく。

かくすう・ひつじゅん

べんきょうした日（　月　日）

じかん	15ふん
ごうかく	40てん
とくてん	/50てん

シール

1 つぎの かん字《じ》の かくすうを かん字で こたえましょう。（一つ2てん）

① 山（　　）かく
② 水（　　）かく
③ 大（　　）かく
④ 小（　　）かく
⑤ 本（　　）かく

2 やじるしの ところは なん かく目《め》に かきますか。かん字で こたえましょう。（一つ3てん）

① 入（　　）かく目
② 力（　　）かく目
③ 目（　　）かく目
④ 石（　　）かく目
⑤ 女（　　）かく目

3 四《よん》かくの かん字を すべて みつけて、○で かこみましょう。（10てん）

土　立　三　日
四　中　王　竹
六　下　口　犬

4 かきじゅんの 正《ただ》しい ほうに ○を つけましょう。（一つ3てん）

① 五
（　）一 丆 万 五
（　）一 ㇆ 万 五

② 白
（　）ノ 亻 𠂤 白 白
（　）ノ 亻 冂 白 白

③ 年
（　）一 𠂉 午 午 年
（　）𠂉 𠂉 乍 乍 年

④ 出
（　）丨 屮 中 出 出
（　）𠃊 凵 凵 凵 出

⑤ 右
（　）一 ナ ナ 右 右
（　）ノ ナ ナ 右 右

かくすう・ひつじゅん

べんきょうした日（　月　日）

じかん 15ふん
ごうかく 40てん
とくてん　　　/50てん
シール

1 20 40 60 80 100 120（回）

1

つぎの かん字《じ》の かくすうを かん字で こたえましょう。（一つ2てん）

① 左（　　）かく
② 村（　　）かく
③ 青（　　）かく
④ 草（　　）かく
⑤ 校（　　）かく

2

やじるしの ところは なん かく目《め》に かきますか。かん字で こたえましょう。（一つ2てん）

① 手（　　）かく目
② 耳（　　）かく目
③ 赤（　　）かく目
④ 先（　　）かく目
⑤ 雨（　　）かく目

3

つぎの ふたつの かん字の かくすうを 足《た》すと いくつに なりますか。かん字で こたえましょう。（一つ3てん）

① 虫 ＋ 生 ＝（　　）
② 玉 ＋ 金 ＝（　　）
③ 貝 ＋ 足 ＝（　　）
④ 町 ＋ 百 ＝（　　）

4

つぎの かくすうの ぶぶんを こく ぬりましょう。（一つ3てん）

① 男（二かく目）
② 円（三かく目）
③ 花（四かく目）
④ 森（五かく目）
⑤ 学（六かく目）
⑥ 空（七かく目）

文《ぶん》しょうを よむ（ものがたり）(1)

べんきょうした日〔　月　日〕

じかん 20ぷん

ごうかく 40てん

とくてん

シール

50てん

1 つぎの 文《ぶん》しょうを よんで、こたえましょう。

きいろい イチョウの はっぱが、じめんに いっぱい つもってた。

木《き》に もたれて、そらを みた。

そらは まっさおに キラキラひかってた。

「おーい、ユウ！」

とつぜん きよしの こえがした。おおきな スーパーの ふくろを ガサガサ いわせながら、もたもたと はしって きた。

あいかわらず、カッコわるいはしりかた。

ぼくは ものすごく ひさしぶりに、きよしに あったようなきが した。

「うわーっ。きれいだな。まっきいろ」

きよしは かんどうしたみたいに、イチョウの 木を みあげた。

「うん」

ぼくも つられて、たかい イチョウの 木の てっぺんを みた。

（泉《いずみ》 啓子《けいこ》「ぼくらの ピカピカ星」）

(1)「ぼく」が みて いた そらが ひかって いた ようすを あらわす ことばを かきましょう。（15てん）

□

(2)「きよし」は なにを もって いましたか。（10てん）

（　）イチョウの はっぱ

（　）スーパーの ふくろ

（　）「ぼく」に あげる もの

(3)「きよし」が はしって くる ときに きこえた おとを あらわす ことばを かきましょう。（15てん）

□

(4)「きよし」は、なにに おどろきましたか。（10てん）

（　）イチョウの 木の かたち。

（　）イチョウの 木の たかさ。

（　）イチョウの きれいさ。

文《ぶん》しょうを よむ（ものがたり）(1)

べんきょうした日（　月　日）

じかん 20ぷん　ごうかく 40てん　とくてん　　／50てん　シール

1 つぎの 文《ぶん》しょうを よんで、こたえましょう。

五月《ごがつ》に なった ある あさ、ようちえんバスは、なかなか きませんでした。

こうへいは、うろうろして、まちました。

いつもの じかんを とっくに すぎたのに、へんです。

しばらく すると、女《おんな》の 人《ひと》が、犬《いぬ》を つれて やって きました。

いつも、ようちえんバスに、子《こ》どもを のせて いる 人です。

こうへいが たずねると、その 人は、「きょうは、ようちえん、お休《やす》みなのよ」と、おしえて くれました。

そう いえば、いつも ここで まって いる、ようちえんの 子どもたちも、いません。

こうへいは、しぼんだ ふうせんのように、みるみる、げんきが なくなりました。

一人《ひとり》だけ、ようちえんが 休みなのを、しらなかったのです。

かんがえたら、あたりまえでした。こうへいは、もう 小学生《しょうがくせい》なのです。

（魚住直子《うおずみなおこ》「バスと ロケット」）

(1)「こうへい」は、なにを まって いましたか。（10てん）

（　）ようちえんの 子どもたち

（　）いつもの 女の 人

（　）ようちえんバス

(2)「こうへい」は どんな ようすで まって いましたか。（10てん）

［　　　　］して まって いた。

(3)「こうへい」は、「女の 人」に なにを たずねましたか。（10てん）

（　　　　）

(4) ようちえんバスは なぜ こなかったのですか。（10てん）

（　　　　）

(5)「こうへい」が がっかりした ようすを あらわして いる ことばを かきましょう。（10てん）

［　　　　］のように なった。

文《ぶん》しょうを よむ（ものがたり）(2)

1 つぎの 文《ぶん》しょうを よんで、こたえましょう。

ちょうれいだいの そばで みんなが ワイワイ さわいでた。
「①やめなさいよ、しんじゃうでしょっ！」
（ゆかちゃんだ）
いそいで、かけよって、みんなの うしろから そうっと のぞきこんだ。よしのくんと ゆかちゃんが みずの はいった おそうじの バケツを まっかな かおで ひっぱりっこしてる。
「よしのくんたちが おっきな ありの す みつけて、みずいれようとしたの。したら、くどうさんが おこって……」
みきちゃんが こうふんした こえで ②まわりの 子《こ》たちに せつめいしてる。
「なに いってんだよっ。ただの ありんこじゃんかよっ」
「ありんこだって、いっしょうけんめい いきてんでしょっ」
キッと にらみかえした ゆかちゃんの めから、とつぜん ポロポロッと なみだが こぼれた。（泉《いずみ》 啓子《けいこ》「まほうの はっぱの おまじない」）

---

(1) ①「やめなさいよ」と ありますが、なにを やめるように いって いるのですか。（10てん）

（　　　　　　　　）

(2)「よしのくん」と「ゆかちゃん」は なにを ひっぱって いましたか。（10てん）

（　　　　　　　　）

(3)「よしのくん」と「ゆかちゃん」が こうふんして いる ことが わかる ことばを かきましょう。（10てん）

□□□□□

(4) ②「まわりの 子たちに せつめいしてる」のは、だれですか。（10てん）

□□□□□

(5)「ゆかちゃん」が なきだしたのは、なぜですか。（10てん）

（　）ありが かわいそうだから。
（　）ひどく つまらなかったから。
（　）たいへん あわてて いたから。

べんきょうした日（　月　日）

じかん 20ぷん
ごうかく 40てん
とくてん　　　/50てん
シール

文《ぶん》しょうを よむ（ものがたり）(2)

じかん 20ぷん
ごうかく 40てん
とくてん ／50てん
シール
べんきょうした日（　月　日）

1 つぎの 文《ぶん》しょうを よんで、こたえましょう。

「えっちゃんたら、なに、もってるの？」
となりの せきの ゆみちゃんが、びっくりしたように いいました。
「虫《むし》。」
「えー、きもち わるい。はやく すてて きてよ。」
と、ゆみちゃん。
「そう？ かわいいじゃん。なんの 虫か わからないから、先生《せんせい》に きこうと おもって。」
えっちゃんが いっても、
「やだあ、はやく はやく。」
こんどは、クラスじゅうの 女《おんな》の子《こ》が いいました。
「かわいいのにな。」
と つぶやくと、えっちゃんは こうていに 虫を はなしに いきました。
そんな えっちゃんを 見《み》て、
「やっぱり いっしょに あそぶなら、だんぜん えっちゃんだ。」
と、しゅんいちは おもいました。

（石井睦美《いしいむつみ》「もんだいはプレゼント」）

(1) ゆみちゃんは、虫を どう おもって いますか。（一つ10てん）

［　　　　］から、はやく［　　　］きて ほしい。

(2) えっちゃんは、虫を どう おもって いますか。（10てん）

（　　　　　　）

(3) えっちゃんは、どうして 虫を もって きたのですか。（10てん）

（　）ゆみちゃんを びっくり させる ため。
（　）先生に もって いる 虫の ことを きく ため。
（　）クラスの 子に 虫を 見せびらかす ため。

(4) しゅんいちは、「そんな えっちゃん」を 見て どう おもいましたか。（10てん）

（　）いっしょに あそびたい。
（　）こうていに いきたい。
（　）虫を すてて ほしい。

文しょうを よむ (3)

（ものがたり）

べんきょうした日（　月　日）

じかん	20ぷん
ごうかく	40てん
とくてん	50てん

シール

1 つぎの 文《ぶん》しょうを よんで、こたえましょう。

「だめよ、なこちゃん。せっかく ねむってるのに。そっと しといてね。」
「はあい。いいい。わかりましたあ。」
へんじだけは よかったけれど、ななこは ふくれっつらで、じぶんの へやに ひっこみました。

一年生《いちねんせい》に なる きょうまで ひとりっ子《こ》だった ななこは、どんなに あかちゃんの 生《う》まれるのを たのしみに して いた ことでしょう。

いもうとかな、おとうとかな。

いもうとだと いいけどなあ。そしたら あたし、かみに きれいな おリボン むすんで あげるの。お花《はな》の ついた おくつ はかせて あげて、おてて ひいて、さんぽに つれて いって あげるし……。

そしたら、生まれたのは 男《おとこ》の子。おとうとでした。

でも、すぐに ななこは、あかちゃんが 大《だい》すきに なりました。

（生源寺美子《しょうげんじはるこ》「おかしな かくれんぼ」）

(1) 「ななこ」が 「ふくれっつら」に なったのは、なぜですか。（10てん）

（　）あかちゃんが おきて しまったから。
（　）あかちゃんが かわいそうだったから。
（　）あかちゃんの そばに いたかったから。

(2) 「ななこ」は、あかちゃんが うまれる ことを どう おもって いましたか。（10てん）

（　）たのしみに して いた。
（　）きに して いなかった。
（　）いやだなと おもって いた。

(3) 「ななこ」は、いもうとが うまれたら なにを したかったですか。三つ かきましょう。（一つ10てん）

（　　　　）
（　　　　）
（　　　　）

文しょうを よむ（ものがたり）(3)

べんきょうした日（　月　日）

じかん	20ぷん
ごうかく	40てん
とくてん	/50てん

シール

1 つぎの 文《ぶん》しょうを よんで、こたえましょう。

（ここの 家《いえ》の 人《ひと》、いつ おきるのかなあ。そうだ、ぼくが おこさなくちゃ）

赤《あか》い 鳥《とり》は、きゅっと 顔《かお》を あげて、おもいっきり 鳴《な》きました。

キウ、キウ、キルルルルウー

するどい 鳴き声《ごえ》が、空気《くうき》を ふるわせました。

家の 中《なか》は まだ しーんと して います。

赤い 鳥は、もう 一《いっ》かい 鳴きました。

まことくんが、パジャマの まま、ベランダに とびだして きました。

ママも、ベランダに やって きました。

「いま 鳴いたの、うちの 鳥?」

「そうだよ、ママ、かっこいいでしょう」

ママは、ちょっと こまった 顔を しました。

パパも やって きました。

赤い 鳥は、みんなの 顔が そろったので、うれしくて たまりません。ますます 大《おお》きな 声《こえ》で 鳴きました。

（鬼塚《おにつか》りつ子《こ》「赤い 鳥の うた」）

(1) 赤い 鳥が 鳴いたのは、なぜ ですか。（10てん）

（　）家の 人を おこす ため。

（　）おなかが すいたから。

（　）家の 中が こわかった から。

(2) 赤い 鳥が さいしょに 鳴いた とき、家の 中は どう なりましたか。（10てん）

（　）家の 人が そろった。

（　）まことくんが おきて きた。

（　）しずかな ままだった。

(3) 赤い 鳥が 鳴いたと しり、ママは どう しましたか。（15てん）

（　　　　　　　　　　）

(4) みんなが そろって、赤い 鳥は どう おもいましたか。（15てん）

（　）とても おどろいた。

（　）うれしくて しかたが ない。

（　）やくに たてて ほっと した。

しを よむ

べんきょうした日（　月　日）

じかん 20ぷん
ごうかく 40てん
とくてん　　50てん
シール

1 つぎの しを よんで、こたえましょう。

木《き》　清水《しみず》 たみ子《こ》

①木は いいな、
ことりが とまりに くるから。
ぼく、
木に なりたい。
ぼくの 木に、
すずめが たくさん とまりに
きたら、
うれしくて、
くすぐったくて、
②からだじゅうの はっぱを ちら
ちらさせて、
わらっちゃう。

(1)「ぼく」は、どうして「①木は いいな」と おもって いるのですか。（15てん）

（　　　　　　）

(2)「ぼく」は、なにに なりたいと おもって いますか。（10てん）

（　　　　　　）

(3)「ぼくの 木」に、すずめが たくさん とまりに きたら、「ぼく」は どう なりますか。（一つ5てん）

［　　　　］て、［　　　　］て、［　　　　］。

(4)「②からだじゅうの はっぱを ちらちらさせて」とは、木の どんな ようすを あらわして いますか。（10てん）

（　）えだに ついて いる たくさんの はっぱが、じめんに おちる ようす。

（　）えだに ついて いる たくさんの はっぱが、ゆれる ようす。

（　）えだに ついて いる たくさんの はっぱが、大《おお》きく そだつ ようす。

しを よむ

べんきょうした日〔　月　日〕

じかん 20ぷん
ごうかく 40てん
とくてん　　／50てん
シール

1 つぎの しを よんで、こたえましょう。

とんぼの はねは　　まど・みちお

とんぼの はねは
みずの いろ
みずから
うまれたからかしら

とんぼの はねは
そらの いろ
そらまで
とびたいからかしら

(1) この しは いくつの まとまりから できて いますか。（5てん）

（　　）

(2) この しは なにに ついて かかれて いますか。（5てん）

□□□□□ に ついて。

(3) (2)に ついて、どんな いろだと かかれて いますか。二《ふた》つ えらびましょう。（一つ10てん）

（　）みずの いろを して いる。
（　）くさの いろを して いる。
（　）そらの いろを して いる。
（　）ゆきの いろを して いる。

(4) とんぼの はねが、(3)の いろなのは、どうしてだと かんがえられますか。二つ かきましょう。（一つ10てん）

・一《ひと》つ目《め》
（　　）

・二つ目
（　　）

文しょうを よむ（せつめい）(1)

べんきょうした日〔　月　日〕

じかん 20ぷん

ごうかく 40てん

とくてん　　　　／50てん

シール

1 つぎの 文《ぶん》しょうを よんで、こたえましょう。

ネコは いつも、どんな ものを たべて いるでしょうか。いえで かわれて いる ネコは、ふつう キャットフードなどの えさを たべて いますね。けれど、ネコは、もともと ライオンや トラの なかまで、ほかの どうぶつの にくを たべて いきて きた どうぶつです。ざらざらした したは、えものの ほねから にくを こそげとるのに、とても やくに たちます。

この ざらざらした したは、ブラシの やくめも するので、けなみを きれいに ととのえるのにも やくだって います。

ネコは とても きれいずきな いきものなので、じぶんの からだを なめて、いつも せいけつに して います。

（久道健三《ひさみちけんぞう》「かがく なぜ どうして 一年生《いちねんせい》」〈偕成社〉）

(1) いえで かわれて いる ネコは、ふつう なにを たべると いって いますか。（8てん）

［　　　］などの えさ

(2) ネコは、もともと なんの なかまですか。（8てん）

［　　　］の なかま。

(3) ネコは、もともと なにを たべて きた どうぶつだと いって いますか。（8てん）

［　　　］

(4) ネコの ざらざらした したは、なんの やくに たちますか。二つ かきましょう。（一つ9てん）

（　　　）

（　　　）

(5) ネコは、どんな いきものですか。（8てん）

きれいずきで、からだを いつも ［　　　］に して いる。

文しょうを よむ（せつめい）(1)

1 20 40 60 80 100 120（回）

べんきょうした日〔　月　日〕

じかん 20ぷん

ごうかく 40てん

とくてん

シール

50てん

1 つぎの 文《ぶん》しょうを よんで、こたえましょう。

トキは、まがった ながい くちばしと、うすももいろの はねを もつ とりです。

やまの なかの たんぼや、かわ、ぬまなどに やって きて、たべものを さがします。

なつの はじめ、たいぼくに つくった すで、ひなを そだてます。

むかし、トキは、にほんじゅうに すんで いました。

けれど、きれいな はねを とる ため、つぎつぎに とらえられました。

すみかも なくなり、かずは どんどん へって いきました。

トキが、さいごまで のこった のは、にいがたけんの さどがしまです。

いまから、三十《さんじゅう》ねんいじょう まえの ことです。

なつの ある ひ、たんぼに、トキの こどもが まよいでました。

わずかしか いない めずらしい とりです。

まいにち、たくさんの ひとが けんぶつに やって きました。

トキを おいかける ひと、そばで おおごえで さわぐ ひとが います。

どうしたら トキを あんぜんに まもれるか、やくばの ひとたちは そうだんしました。

「トキを ほごするまで、だれかに ずっと みはって もらおう」

とりが すきな うじ きんたろうさんに、その しごとを たのみました。

（国松俊英《くにまつとしひで》「トキよ おおぞらへ」）

(1) トキに ついて 正《ただ》しく せつめいして いる ものは、どちらですか。（25てん）

（　）まっすぐな ながい くちばしを もつ。

（　）うすももいろの きれいな はねを もつ。

(2) うじ きんたろうさんが たのまれたのは、どんな しごとですか。（25てん）

（　　　　　　　　　　）

文しょうを よむ（せつめい）⑵

べんきょうした日（　月　日）

じかん	20ぷん
ごうかく	40てん
とくてん	/50てん

シール

1 つぎの 文《ぶん》しょうを よんで、こたえましょう。

おなかが すくと、力《ちから》が でませんね。ですから、わたしたちは、まい日《にち》 たべものを たべます。

①たべた ものは、からだの 中《なか》で、力を だす もとに なったり、きんにくや ほねを 大《おお》きくする ざいりょうに なります。

ところが、よけいに たべすぎると、力の もとに なる ぶんが あまります。あまった ぶんは、からだの 中に どんどん たまって いきます。

②ふとって いる 人《ひと》は、力の もとに なる ぶんが あつまって、からだに ためこまれて いるのです。ですから、たべる りょうを へらして、からだを よく うごかすように すれば、すこしずつ やせて いきます。

③やせて いる 人は、たべものが たりないか、たべた ものを からだの 中に ためにくい 人です。

でも、こどもの ころは、すこしくらい ふとっても、やせても、きに しないで いいのです。

（久道健三《ひさみちけんぞう》「かがくなぜどうして 一年生」）

⑴ 力を だす ためには どう したら いいですか。（8てん）

［　　　　］を たべる。

⑵ ①「たべた もの」は、からだの 中で どのような はたらきを しますか。（10てん）

⑶ ②「ふとって いる 人」は、どう したら やせますか。二つ かきましょう。（一つ8てん）

⑷ ③「やせて いる 人」が、ふとらないのは なぜですか。二つ かきましょう。（一つ8てん）

上級 レベル 114 国語㊷

文《ぶん》しょうを よむ（せつめい）(2)

べんきょうした日［　月　日］

じかん 20ぷん
ごうかく 40てん
とくてん　　50てん
シール

1 つぎの 文《ぶん》しょうを よんで、こたえましょう。

三月三日《さんがつみっか》は ①ひなのせっくです。ももの 花《はな》が さく ころなので、「もものせっく」とも いいます。

ひなのせっくは、女《おんな》の子《こ》の せっくです。女の子の いる いえでは、よく ②ひなまつりを します。

ひなまつりには、おひなさまや にんぎょうを かざって、ももの 花や ひしもちや 白《しろ》ざけを そなえます。そして、うちじゅうで おまつりを たのしみます。

③むかしの ひなのせっくは、人《ひと》びとが、けがを したり びょう気《き》に なったり しないように、かみさまに いのる おまつりでした。

人びとは、わらや 木《き》などで にんぎょうを つくり、それで からだを こすりました。そして、にんぎょうを かざって おいのりを してから、それを、川《かわ》や うみに ながしました。

（「ひなまつり」）

(1) ①「ひなのせっく」の べつの 名《な》まえは なんですか。（7てん）

［　　　　　］

(2) ①「ひなのせっく」は、どんな いえで いわいますか。（7てん）

［　　　］の いる いえ

(3) ②「ひなまつり」には、どんな ことを して たのしみますか。二つ かきましょう。（一つ8てん）

（　　　　　）
（　　　　　）

(4) ③「むかしの ひなのせっく」では、なにを ねがいましたか。（一つ4てん）

［　　］を したり、［　　　］に なったり しない こと。

(5) ③「むかしの ひなのせっく」では、なにを つくりましたか。（一つ4てん）

［　　］や［　］で できた［　　　　］。

文しょうを よむ（せつめい）（3）

1 つぎの 文《ぶん》しょうを よんで、こたえましょう。

あたたかな ひざしの なかで、①ジャガイモの 茎《くき》が そだちます。たくさんの 葉《は》を つけた 枝《えだ》が つぎつぎと のびだします。みどり色《いろ》の 葉は、太陽《たいよう》の 光《ひかり》を うけて 養分《ようぶん》を つくるのが 仕事《しごと》です。新《あたら》しい 養分を つくり、ジャガイモの 茎が さらに 大《おお》きく そだちます。

そだちざかりの 茎や 葉は、②昆虫《こんちゅう》たちが ねらって います。テントウムシや アリマキが、そっと 畑《はたけ》に しのびこみます。葉が そだつと、土《つち》の なかでも 茎から 枝が でます。白《しろ》い 枝は 根《ね》に にて いますが、形《かたち》が すこし ちがいます。のびた 白い 枝は、さきの 部分《ぶぶん》が ふくらみます。さいしょは マッチの 頭《あたま》ほどですが、③やがて 丸《まる》く ふくらみます。

そう、これが ジャガイモに なるのです。

（小田英智《おだひでとも》「ジャガイモ」〈偕成社〉）

(1) 「①ジャガイモの 茎」は どのように なって いますか。（10てん）

（　）みどり色に なって、昆虫たちを さそって いる。
（　）葉や 枝を つぎつぎと たくさん のばして いる。
（　）新しい 養分を すって、はき出し つづけて いる。

(2) 「②昆虫たち」と して かかれて いる むしを 二つ あげましょう。（一つ10てん）

（　　　　）（　　　　）

(3) 葉の そだった ジャガイモは、土の なかでは、どのように なって いますか。（10てん）

（　）茎から 枝が でて いる。
（　）根の さきが とれる。
（　）根の 色が 赤《あか》く なる。

(4) 「③やがて 丸く ふくらみます」と ありますが、どこが 丸く ふくらむのですか。（10てん）

（　　　　）

国語

べんきょうした日（　月　日）

じかん 20ぷん
ごうかく 40てん
とくてん　　/50てん
シール

文しょうを よむ（せつめい）(3)

べんきょうした日〔　　月　　日〕

じかん 20ぷん　ごうかく 40てん　とくてん　／50てん　シール

1 つぎの 文《ぶん》しょうを よんで、こたえましょう。

①雪《ゆき》どけの 水《みず》が 川《かわ》に なって ながれだすと、今《いま》まで かくれて いた ものが たくさん みえて きます。

ウグイスや ひばりの 声《こえ》に まじって、キッキッ、ピューピューと いう なき声《ごえ》が します。気《き》を つけて みると、岩《いわ》の 上《うえ》で 気持《きも》ちよさそうに 日光浴《にっこうよく》を して いる、しっぽの ない ねずみのような 小《ちい》さい 動物《どうぶつ》が います。これが ナキウサギです。ながい 冬《ふゆ》の あいだ、ふかい 雪の 下《した》の トンネル生活《せいかつ》を して いたのです。

あたたかく なって くると、ナキウサギも ②衣《ころも》がえを します。冬の 毛《け》が ぬけて、夏用《なつよう》の きれいな 茶色《ちゃいろ》の 毛が はえて きます。はえかわる とちゅうは、まだらに なって います。日光浴を しながら、毛づくろいを したり、ものおもいに ふけったり して います。

（松井《まつい》 繁《しげる》・松井香里《かおり》「ナキウサギの 谷《たに》」）

(1) ①「雪どけの 水が 川に なって ながれだす」とは、いつごろの ことですか。（8てん）

（　）冬の はじめ

（　）春《はる》

（　）夏の おわり

(2) ナキウサギとは、どんな 動物ですか。（一つ8てん）

□□□のようで、□□が ない 動物。

(3) ナキウサギは、冬の あいだ どう して いますか。（一つ8てん）

雪の □で □□ □□生活を して いる。

(4) ②「衣がえ」とは、ナキウサギが どのように なる ことですか。（10てん）

（　　　　　　　　）

最上級レベル 1

べんきょうした日（　月　日）

じかん 15ふん
ごうかく 40てん
とくてん
シール
50てん

1

まちがって　いる　ところを　○で　かこみましょう。（一もん3てん）

① がっきゆうかいで　はっぴょうしました。

② とうい　まちまで　おうきな　くるまで　でかけました。

③ わたしわ　まいにち　ともだちと　いっしょに　がっこうえ　いきます。

④ あにわ　ほんお　よむこと　お　たいせつに　して　います。

⑤ こうえんには。おおきな　ふん水《すい》が　あります」。

2

つぎの　ことばを　かたかなで　かきましょう。（一つ2てん）

① かるた

② れっすん

③ じゃんぐる

④ るうれっと

⑤ ちゃんぴおんべると

3

つぎの　なかまを　あらわす　ことばを　あとから　えらんで、きごうで　こたえましょう。（一つ4てん）

① ちかてつ　でんしゃ　バス　じてんしゃ……（　）

② ぶどう　いちご　バナナ　パイナップル……（　）

③ チューリップ　ひまわり　さくら……（　）

④ やきゅう　テニス　スキー　サッカー……（　）

ア スポーツ　イ くだもの　ウ のりもの　エ はな

4

つぎの　なかまを　あらわす　ものを　あとから　えらんで、きごうで　こたえましょう。（一つ3てん）

① きりん　うさぎ　ねこ　くま……（　）

② さけ　さんま　まぐろ　こい……（　）

③ すずらん　ばら　あじさい　きく……（　）

ア はな　イ どうぶつ　ウ さかな　エ かもく

118 国語㊻ 最上級レベル ②

1 20 40 60 80 100 120（回）

べんきょうした日（　月　日）

じかん	ごうかく	とくてん
15ふん	40てん	50てん

シール

1 ――の かん字《じ》の よみかたを かきましょう。（一つ2てん）

①（　　）音を きく。

②（　　）糸で ぬう。

③（　　）車に のる。

④（　　）草を ぬく。

⑤（　　）目で みる。

⑥（　　）名を いう。

⑦（　　）空の いろ。

⑧（　　）竹を きる。

2 かん字で かきましょう。（一もん2てん）

① □《おお》きな □《いぬ》。

② □□《がっこう》から かえる。

③ □《もり》に すむ □《おう》さま。

④ □《かい》の 中《なか》に すむ □《むし》。

⑤ □《むら》から □《まち》へ いく。

⑥ □《あめ》に ぬれる □《いし》。

⑦ □《きん》いろと □《あか》いろ。

3 つぎの かん字の かくすうを かんじで かきましょう。（一つ2てん）

① 年（　　）かく

② 林（　　）かく

③ 気（　　）かく

④ 早（　　）かく

⑤ 花（　　）かく

⑥ 男（　　）かく

4 つぎの かん字の →の ぶぶんは、なんかく目《め》に かきますか。（一つ2てん）

① 円（　　）かく目

② 休（　　）かく目

③ 左（　　）かく目

④ 生（　　）かく目

最上級レベル ③

べんきょうした日（　月　日）

じかん	20ぷん
ごうかく	40てん
とくてん	50てん

シール

1 つぎの 文《ぶん》しょうを よんで、こたえましょう。

きのう、しごとに 行《い》く ようい を して いる かあさんに、ぼくは いった。
「あした ランドセルを かって もらったら、しょって 帰《かえ》って いい」
「そう したかったら、すれば いいわ」
かあさんは、①クスクス わらいながら いった。
「なにが おかしいの？」
「にいちゃんと おなじ ことを いって いる」
「へえ、にいちゃんも しょって 帰ったの」
「ばか、②そんな かっこう わるい ことを する ものか」
「なおちゃんたら、③かっこう つけちゃって」
「ちぇっ」
にいちゃんは、ちょっと 赤《あか》く なって、あたまを かいた。
（にいちゃんも、きっと、ぼくと おなじくらい うれしかったんだろうな）（足田《あしだ》ひろ美《み》「かあさん ねて いろよ」）

(1) 「①クスクス わらいながら」と ありますが、かあさんが わらったのは、なぜですか。（15てん）

（　）「ぼく」が あにと おなじ ことを いって いるから。
（　）「ぼく」が あにの まねを したがるから。
（　）「ぼく」が あにと はりあって いるから。

(2) 「②そんな かっこう わるい こと」とは、どう する ことですか。（20てん）

（　　　　　）

(3) かあさんが 「③かっこう つけちゃって」と いったのは、なぜですか。（15てん）

（　）あには はずかしいのを かくしたそうに したから。
（　）あにが じぶんは かっこいいと いったから。
（　）あにが した ことを ごまかそうと したから。

最上級レベル4

じかん 20ぷん
ごうかく 40てん
とくてん
50てん
シール

1 つぎの 文《ぶん》しょうを よんで、こたえましょう。

ユキウサギの 耳《みみ》の 内側《うちがわ》には、毛《け》が 生《は》えて いません。そして、耳には たくさんの 細《ほそ》い 血管《けっかん》が あります。耳の 裏側《うらがわ》の ほうから 強《つよ》い 光線《こうせん》が あたると、半分《はんぶん》 すけて 見《み》える 耳には、血管が 迷路《めいろ》のように なって いるのが よく わかります。

では、これが どういう 役《やく》わりを して いるのでしょうか？

ユキウサギの 耳には、物音《ものおと》を 聞《き》く ほかに、もう ひとつ だいじな 役わりが あります。

それは、体温《たいおん》が 上《あ》がった ときに、この 耳の 内側から、よぶんな 熱《ねつ》を にがす はたらきを するのです。それでも、長《なが》い きょりを 走《はし》った ときや、北海《ほっかい》道《どう》では めずらしく、うだるように 暑《あつ》い ときには、耳だけの 放熱《ほうねつ》では まにあわないので、イヌのように 口《くち》を あけて、体温を 下《さ》げて いるのが 見られます。

（富士元寿彦《ふじもととしひこ》「子《こ》うさぎ チャメの 一年《ねん》」）

(1) ユキウサギの 耳には なにが たくさん ありますか。（8てん）

(2) ユキウサギの 耳の 役わりは なんですか。二つ かきましょう。（一つ8てん）

(3) ユキウサギは なぜ イヌの ように 口を あけるのですか。「耳」「ほうねつ」と いう ことばを つかって、かきましょう。（10てん）

(4) (3)のように なるのは、どんな ときですか。二つ かきましょう。（一つ8てん）

～算　数～

標準レベル 1　あつまりと　かず

算数①

解答

1

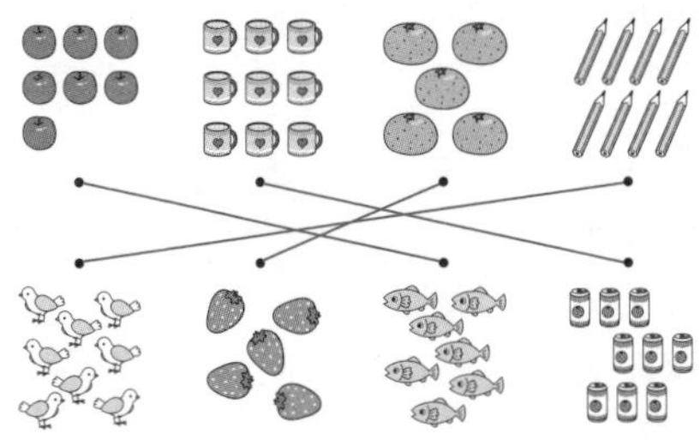

2

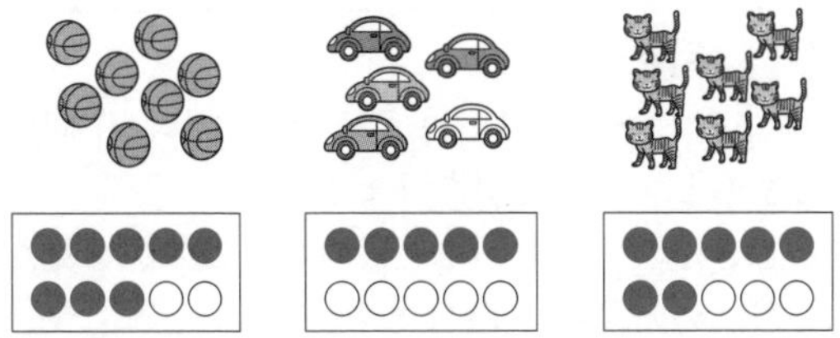

3 れもんとりんご
とまとといちご
いぬととり

指導の手引き

1 「いち，に，さん，……」と声を出して読み上げながら印をつけて数えます。「数」の多い・少ないを「もの」に印を入れた数で意識させます。

2 具体物⇔○などの記号（半具体物）を１対１対応させます。数え落としのないように，○をぬりつぶす動作と上の具体物に印をつける作業を，一体化・パターン化します。

3 具体物の多い・少ないを直感的に把握することで，数が表す量感を意識する問題です。同じ数の具体物を見つけにくいときは，数が少なそうなものから印をつけていき，数を読み上げていくとよいでしょう。

上級レベル 2　あつまりと　かず

算数②

解答

1

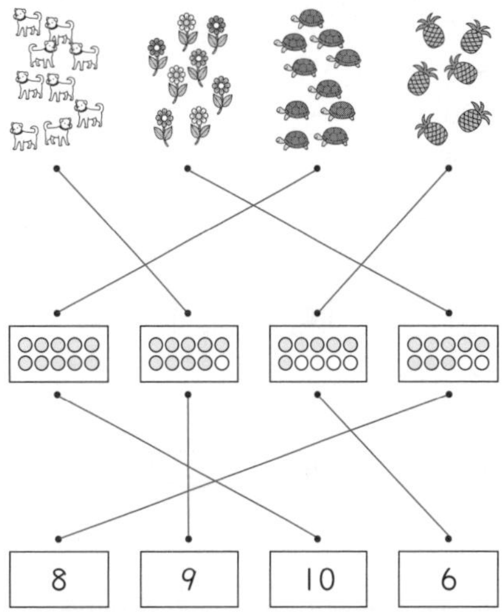

2

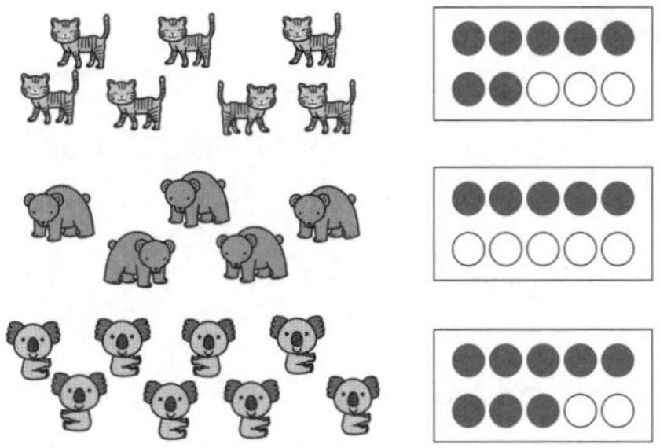

3 (1) 8　(2) 10　(3) 6

指導の手引き

1 具体物→半具体物→数　と，抽象化の段階を視覚的に理解する問題です。

2 具体物と半具体物を１対１対応させて，数のイメージを定着させます。

3 数え落としのないように印をつけながら，「いち，に，さん，……」と声を出して読み上げます。

標準レベル 3　かずと　すうじ

算数③

解答

1

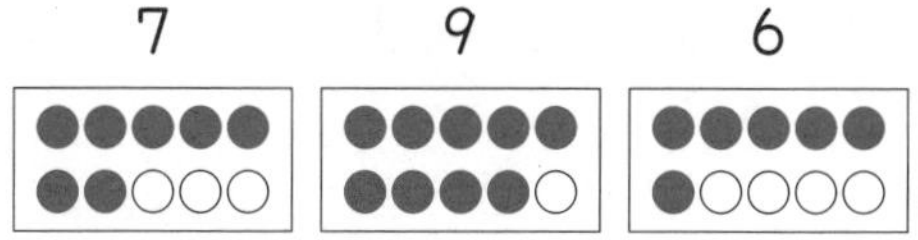

2 (1) 2　(2) 5　(3) 4
(4) 7　(5) 8　(6) 10

3 (1) 1－2－3－4－5
(2) 6－7－8－9－10
(3) 8－7－6－5－4
(4) 0－1－2－3－4

4 (1) 6　(2) 8
(3) 10　(4) 1

指導の手引き

1 数字から○（半具体物）の数を意識する問題です。「いち，に，さん，……」と声を出しながら，問題の数になるまで○を塗っていきます。

ポイント

ひとつずつ指差し確認をする，印をつけるなどの動作と同時に，「いち，に，さん，……」と声を出して読み上げ，数え上げます。目や耳，手を使って，数の感覚を磨きましょう。

3 数の順序をしっかりつかみます。降順（数が少なくなる場合）にも慣れさせておきましょう。これまでの問題と同様に，発声しながら確認させましょう。

4 数値だけでその大小を比較します。分からなければ，その数だけ○をかいてくらべます。数字から半具体物に戻らずに，数の大小と量感をつかめるようになるまで反復させましょう。

上級レベル 4 かずと　すうじ
算数④

解答

1 (1) 1　(2) 3　(3) 5　(4) 3
(5) 2　(6) 8　(7) 5

2 (1) 9, 8, 7, 6, 5
(2) 9, 6, 2, 1, 0
(3) 10, 8, 6, 4, 2

3 (1)○○○
(2)○○○○○
(3)○○○○○○○

4 (1) 8　(2) 8

指導の手引き

1 具体物→半具体物→数　と並んでいます。
具体物・半具体物では，1対1対応で交互に1つずつ印をつけて消去し，残ったものの数が「ちがい」になります。
数では，半具体物に戻らずに，直接「ちがい」を求められるように練習させましょう。

2 最初にいちばん大きな数を見つけて，印をつけます。
次に，印をつけなかった数で，その作業を繰り返します。
最後に，右から小さい順に並んでいることを確認させましょう。

3 ○の数と数字を対応させます。意味をつかみにくいときは，問題に記されている○の数が，右の数字にいくつたりないかを意識させ，数字にあうまで○をかきたしていきます。

4 分からないときは，数を順に書き出します。
(1)大きい数を求めるので，5から始めて
5, 6, 7, 8, ……と書き出して考えさせましょう。

標準レベル 5 じゅんばん
算数⑤

解答

❶ (1) 4ばんめ
(2) 4ばんめ
(3)きつね
(4) 5ひき
(5) 7ばんめ

❷ (1), (2)
□□◎□□□●□□□□□
(3) 3つ
(4)
□□◎□□□●□△△△△
(5) 6つ

❸ 4

指導の手引き

❶ まず，基準(起点)になるところをおさえます。
「前から」の設問では，左端の「ねずみ」が1番目で，「いちばんめ，にばんめ，さんばんめ，……」と指で押さえながら，声を出して数えます。

❷ (2)「みぎから6ばんめ」は，単独指定です。
(4)「みぎのはしから4ばんめまでの□」は，範囲指定です。
「…から～まで」という表現には，細心の注意が必要です。

ポイント
順番の問題では，基準となる「前」「後ろ」「左」「右」「上」「下」を正確につかむことが大切です。また，同じ問題の中で基準を変えて問う設問が多く見られるので，注意が必要です。

上級レベル 6 じゅんばん
算数⑥

解答

1 (1) 4だん
(2) 6だんめ
(3) 3だん

2 (1) 5ばんめ
(2) 2ばんめ
(3) 7ばんめ
(4) 9ばんめ

指導の手引き

1 (1)「さとしさんより～うえに」のように，中間にあるものを基準とする場合があります。
さとしさんの立っているところの，この図を見た側から見て左隣の階段が1段目です。
(2)問題文の「さとしさんは　したから　2だんめ」という表現に注意し，どこが1段目かを確かめてから数えさせましょう。
(3)さとしさんは上から2段目にいます。

2 (2)『「とら」は　「じろ」の　3びき　みぎ』
中間にいる「じろ」を基準にしているので，「じろ」の右隣，左から9番目の犬が1ぴき目となります。
(4)左右両方に犬がいるので，犬が3びき並んでいるところの，まん中が「はち」です。

ポイント
中間にあるものを基準にして「…より上に～」などと表現する場合は，基準となるものは1番目とは数えません。

標準レベル 7 いくつと いくつ
算数⑦

解答

❶ (1)6　(2)2　(3)5

❷ (1)○○　(2)◎◎◎◎　(3) △△△

※△が　3つ　あれば　せいかいです。

❸

○○○●○●○●●●	10	5	5
○○●●○●○○●	9	5	4
●○●○●○●○	8	4	4
●○○●●●	6	2	4
○○○○●●●	7	4	3

※○が　4こ　●が　3こ　あれば　せいかいです。

❹ (1)2　(2)6　(3)1

指導の手引き

「数のならび」の概念から，「数を分ける」ことにステップアップする単元です。問題は，❶具体物→❷半具体物→❸数と，順に抽象化を図るように配列しています。

❶「9は6と3」のように，数を分ける操作を具体物で考える問題です。分からないときは，並んでいる9個のみかんの絵と，(1)～(3)の各問の箱の外にあるみかんの絵に1対1で印をつけ，並んでいる9個のみかんの絵のうち，印が入らずに残ったみかんが箱に入っているみかんの数であることを説明して下さい。

❸ 半具体物と数との関係を理解させる問題です。7個の○●の配列は，○4個●3個であれば入れ替わっていても構いません。

❹ 数を分ける操作を単純化しています。分からないときは，数の横に○をかいて，たりない分を数になおします。

上級レベル 8 いくつと いくつ
算数⑧

解答

❶
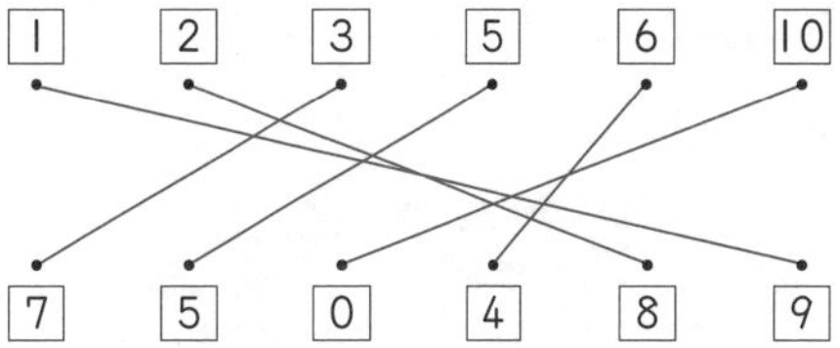

❷ (1)3　(2)5　(3)4
(4)1　(5)4　(6)3

❸ (1)4　(2)6　(3)7
(4)6　(5)6

❹ 2，3，5

指導の手引き

❶ 10を2つの数に分ける問題です。たし算・ひき算の繰り上がり・繰り下がりのある計算で，10を分ける操作は非常に重要です。〔1と9〕〔2と8〕〔3と7〕〔4と6〕〔5と5〕の5通りをしっかりおさえさせましょう。

❷ 最初は，数を○に置き換えて考えさせるとよいでしょう。反復することで，数の並びに戻らずに見つけることができるようにさせましょう。

❸ 7ページ❹の類題です。上下の数字と同じ個数の○をかいて，たりない数を考えます。

❹ まず，数を大きい順に並べます。
8，7，6，5，4，3，2
次に，大きい数から順に考えていきます。
8と2，7と3，6と4　→3枚選べない
7と2，6と3　→1がない
6と2→6と2と2　→2が1枚しかない
…と順に絞り込んでいきます。

標準レベル 9 たしざん (1)
算数⑨

解答

❶ (1)8　(2)9　(3)6

❷ (1)9　(2)8

❸
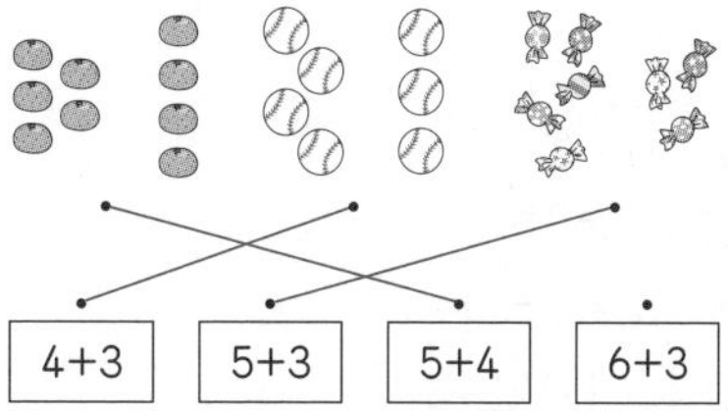

❹ (1)6　(2)8　(3)7　(4)7　(5)4
(6)7　(7)9　(8)8　(9)6　(10)5

指導の手引き

❶ 2つの数をあわせる操作です。
この単元では，具体物から
○○　と　○○○　→　○○○○○
2　＋　3　＝　5
と順に抽象化します。

❷「ふえる」相手を数字で表現しています。絵でかかれた卵や鳥と，文章中の「5こ」「3わ」が同質で，加算できる相手であることを理解させましょう。
分かりにくいときは，「5個の卵」「3羽の鳥」の絵をかいて示して下さい。

❹ 最初は指を折ったり，答えの数まで順に読み上げることがあるかもしれませんが，すぐに答えが出せるようになるまで反復練習させましょう。

注意　(5)(6)では，ある数に0をたしても，0にある数をたしてもある数のままであることに注意させて下さい。

解答　算数

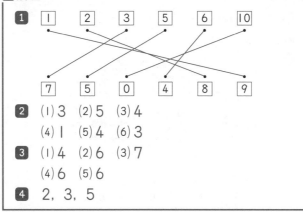

上級レベル 10 たしざん (1)

算数⑩

解答

❶ (1) 8
(2) 10

❷ (1) 9 かい
(2) 6 かい

❸ (1)(しき)　6+2=8
(こたえ)　8 こ
(2)(しき)　4+6=10
(こたえ)　10 にん
(3)(しき)　6+3=9
(こたえ)　9 ほん

❹ (1) 5　(2) 10
(3) 5　(4) 10
(5) 10　(6) 0

指導の手引き

❶ 文章の内容から，たし算で答えが出ることを理解する問題です。分かりにくい様子であれば，□や○の半具体物を文章の間にかきたして考えさせます。

❷ 文章の中の 4 つの数から，計算に必要な数を見つけだす練習です。投げた回数だけ□をかき，入った回数だけ□に○をつけて，たす相手を見つけます。

❸ 絵から式をつくって，答えを求める練習です。
「式をつくる→計算する→答えを書く」という流れを身につけさせましょう。一足飛びに答えを書いてしまう傾向があれば，まず式を書くことから始めるように指導します。

標準レベル 11 ひきざん (1)

算数⑪

解答

❶ (1) 3　(2) 4　(3) 2

❷ (1) 5　(2) 5

❸

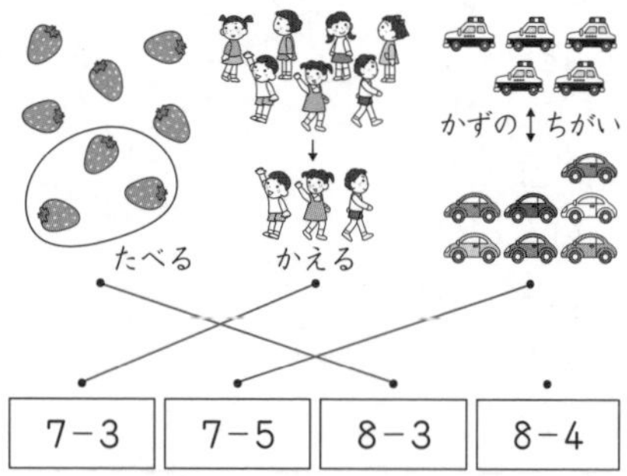

❹ (1) 1　(2) 5
(3) 6　(4) 1
(5) 4　(6) 0
(7) 5　(8) 5
(9) 3　(10) 6

指導の手引き

❶ 差を求める操作を身につけさせます。「本 1 冊」⇔「ノート 1 冊」と，1 対 1 で交互に印をつけていき，残ったものが差であることを理解させましょう。

❷ 残りの数を求めるために，さしひく操作を身につけさせます。具体物を「食べた分」「いなくなった分」の数だけ斜線で消すことで，残りの数をつかむようにします。

❹ 計算練習では，たし算と同様，指を折って数えたり，数の順序に戻って考えたりせずに，すぐに答えが出せるようになるまで反復練習させましょう。

上級レベル 12 ひきざん (1)

算数⑫

解答

❶ (1) 3　(2) 1　(3) 4　(4) 2
(5) 9　(6) 2　(7) 9　(8) 1

❷ (1) 6　(2) 4

❸ (1) 3　(2) 2　(3) 1　(4) 6

❹ (しき)　9−4=5
(こたえ)　5 にん

❺ (しき)　9−3=6
(こたえ)　6 まい

❻ (1) 3 かい　(2)ふみさんが　2 かい　おおい

指導の手引き

❷ まず，いちばん大きい数といちばん小さい数を見つけ，次に式をつくってひき算する問題です。分からないときは，いちばん大きい数といちばん小さい数が見つけられないのか，ひき算の式をつくることができないのか，対話しながら確認していきましょう。

❸ ここでは，逆算の式をつくるのではなく，
(1) 2 からいくつふえると 5 になるか
(3) 5 からいくつへると 4 になるか
というように，式の意味を考えて，答えの数を見つけるようにしていきましょう。

❹ 文章をしっかり読み取り，式をつくって答えを出す手順を身につけます。分かりづらい様子であれば，こどもの数を絵や記号でかき出し，「4 にん　かえる」とその数がどう変わるかを考えさせます。

❻ 文章から読み取れないときは，くじをひいた回数だけ□をかき，当たった回数だけ□に○をつけます。はずれた回数は，□を数えると分かります。

標準レベル 13 いろいろな　かたち

算数⑬

解答

① (1)ウ　(2)イ　(3)ア
(4)ア，ウ　(5)ア，イ，エ

② (1)ア，エ
(2)イ，カ，キ

③

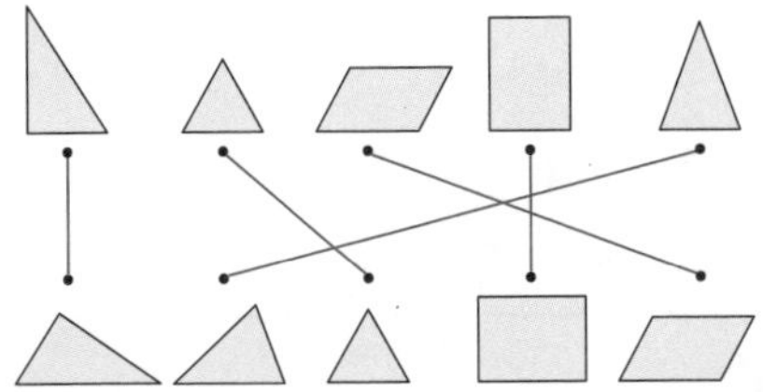

指導の手引き

① 身のまわりのものの形を，基本的な立体図形としてとらえ，特徴や機能によって分類できることを理解させましょう。(5)積み木の面に平らな面があるかどうかの形を観察します。

② 四角形を仲間分けする問題です。図形の向きや傾きは，図形の形には関係がないことを確認します。
「ながしかく」と「ましかく」は，となりあうへり(辺)の長さが異なるのか，同じであるのかというところに着目します。

③ 向きを変えて，置いた形を選ぶ問題です。
特に，3つの三角形は，辺の長さや角，折り目をつけると重なるかどうかなど，細かい観察が必要です。
拡大コピーをとって，上側の5つの図形を切り抜き，下側に重ねてみると理解が深まります。このとき，切り抜いた図形を裏返すと，重なるものと重ならないものに分かれます。裏返しても重なる形と重ならない形では何がちがうのか，図形の特徴を観察させるとよいでしょう。

上級レベル 14 いろいろな　かたち

算数⑭

解答

①

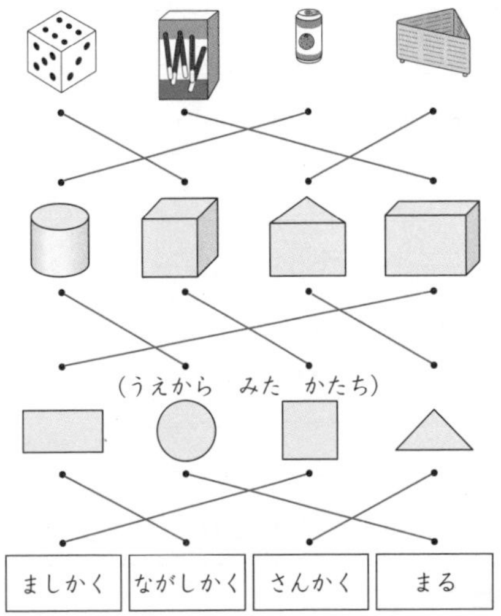

② (1)カ　(2)イ，キ　(3)ア，ウ

③ (1)ア，イ，エ　(2)ア，イ，ウ

指導の手引き

① 身のまわりのものの形を，立方体・直方体・円柱・三角柱などの代表的な立体図形に見立てます。積み木を真上から見た形を把握・区別することが重要です。

② 辺の長さを観察します。(1)2つの「ましかく」がどちらも合わない→他の図形を観察する　という流れが合理的です。(2)(3)は，まず，長方形と平行四辺形を候補として検討します。(2)は，長方形が1つしか選べないので，他の四角形から探します。

③ 積み木から写しとることができる形をイメージする問題です。(1)の細い「ながしかく」が，アの三角柱の側面であることに気づくかどうかがポイントです。実際の積み木から紙に写しとる練習をさせましょう。

標準レベル 15 20までの　かず

算数⑮

解答

① (1) 18　(2) 14

② (1)(　) (○)　(2)(○) (　)

③ (1) 14　(2) 20　(3) 20　(4) 18

④ (1)おおきい　かず　20
ちいさい　かず　12
(2)おおきい　かず　18
ちいさい　かず　8

⑤

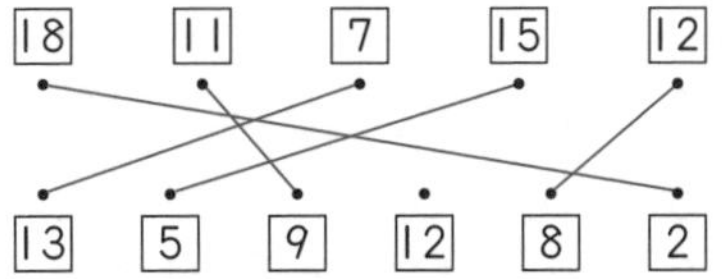

⑥ (1) 10　(2) 20

指導の手引き

20までの数を「10のまとまり＋1の位の数」ととらえます。同時に，補助的に「5のまとまり」を導入することで速く数えあげることができることを実感し，数への理解を深めることを目標とします。

② 1対1で印をつけるか，個別に数えます。

④ 20までの数の大小を判断するときは，十の位から調べさせます。数を「0～9」，「10～19」，「20」の3つの仲間に分けて考える手順を身につけさせましょう。

⑤ 20を2つの数に分けることは，数の量的感覚を育むことに非常に有効です。20までの数を自在に扱えることで，計算の速さ・正確さが身につきます。

⑥ 直感で出てこないときは，数の並びに戻り「じゅうろく，じゅうご，じゅうよん，……」のように数えて考えさせます。

上級レベル 16 20までの　かず
算数⑯

解答

1 (1)

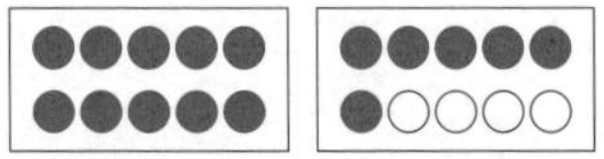

(2)

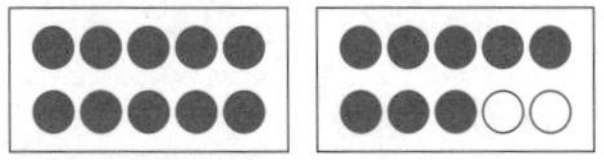

(3)

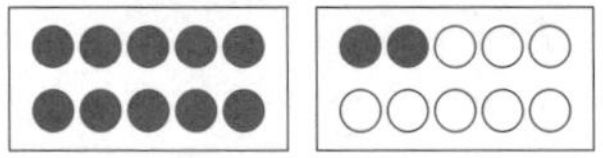

2 (1)2　(2)3　(3)2　(4)8
(5)10　(6)11

3 (1)19，16，14，11，10
(2)20，18，15，10，9

4 (1)14－15－16－17－18－19
(2)15－14－13－12－11－10
(3)10－12－14－16－18－20

5 (1)19　(2)12　(3)4　(4)18

指導の手引き

1 「10 といくつ」ととらえるのがねらいです。まず左の10 個を塗り，あといくつか数えます。

2 十の位が 2 つとも 1 であれば，一の位の数の並び方から，ちがいはいくつ分かを判断します。(6)は，20 と10 のちがいが 10 であることから，さらに 1 だけ離れているということを理解させます。

3 まず十の位の数でグループに分け，一の位の数の大きい順に並べます。今の段階で大きい順に並べるのが苦手・あるいは時間がかかるなら，小さい順に並べて答えを書いて逆順にしても構いません。

4 並び方の規則を見つける問題です。昇順・降順とも，20 までの数をよどみなく言えるように練習させます。

標準レベル 17 ながさくらべ
算数⑰

解答

1 (1) ○
(空欄)

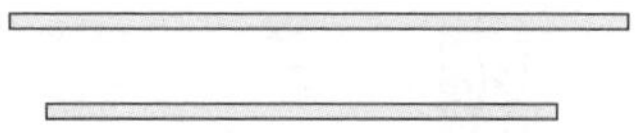

(2) (空欄)
○

2 (1) 3
2
1

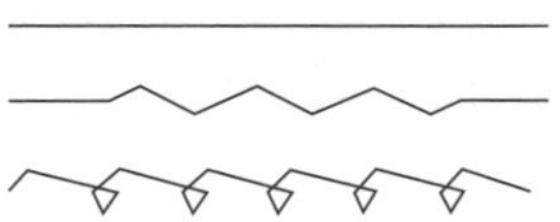

(2) 2
1
3

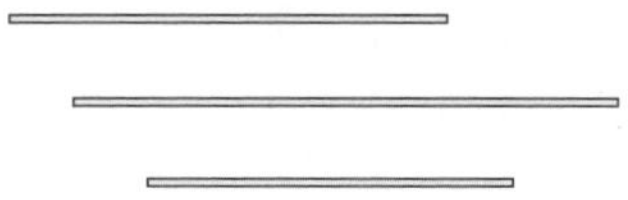

3 (1)17こ　(2)ウ　(3)エとカ　(4)3こ　(5)4こ

指導の手引き

量を測定する最初の単元です。直接比較のほか，マス目や目盛り・図形の幅などを 1 単位として，「いくつ分」で長さを比べます。長さの単位(cm など)は，1 年生では扱いません。

1 まっすぐなものは，端をそろえることで直接比べることができます。曲がっているものやギザ状のものは，両端がそろっていることを確認してから，「遠回り」の感覚で判断させます。実際にテープやひもに写しとって比べることも大切です。

2 (2)いちばん上の線を基準にして，2 番目は長い・3 番目は短いことを確認して序列化します。ものを比べる有効な手段なので，しっかり定着させましょう。

3 ○を単位長さとして，長さを測定する問題です。(5)では，最短のイと○の数を調べる(1 対 1 で印をつける)ことで，差を求めることができます。

上級レベル 18 ながさくらべ
算数⑱

解答

1 ア 14こ　イ 9こ　ウ 12こ
エ 12こ　オ 10こ

2 アとオ，ウとエ

3 ア 14こ
イ 16こ
ウ 10こ

4 (1)10こ　(2)オ
(3)ウとエ　(4)3こ

指導の手引き

1 目盛りを数えます。区切りや印をつけて，正確に数えるようにします。

2 目盛りを数えて，テープの長さがいくつ分かを調べます。目盛りを数えまちがえないよう，丁寧に数えさせましょう。

3 単位とする長さを数えて，それが長さを表すことを理解する問題です。数の大小が，そのまま長さに反映します。

4 マス目の縦横が同じ長さであることを確認して，折れ線でたどったマス目の辺の数が，長さを表していることを理解させましょう。また，自発的に数えた辺の数(長さ)を，記号の近くに書きとめておくことができるように指導しましょう。

ポイント

測定した結果の数値や計算の途中の式など，「問題を解く過程で得られたもの」は，消さずにわかりやすく書き残しておきましょう。問題を解くための手がかりとなります。

標準レベル 19 たしざん (2)

算数⑲

解答

❶ (1) 5を　2と　3に
わけます。
8と　2を　あわせて 10
10に　のこりの　3を
たして　こたえは　13

8 + 5 =
　　2　3
10

(2) 8 + 7 = 15
　　2　5
10

(3) 4 + 9 = 13
　　6　3
10

❷ (1) 16　(2) 13
(3) 15　(4) 14

❸ (1) 11　(2) 12
(3) 12　(4) 15
(5) 14　(6) 18

❹ (1) 15こ　(2) 13にん　(3) 14ひき

指導の手引き

1けたの数どうしの繰り上がりのあるたし算です。あわせた数を「10と，あといくつ」ととらえることで計算します。あわせる2つの数の一方を固定し，他方を「固定した数を10にするために補う数」と「その残り」に分割します。

例　3 + 8 = 11
　　　7　1
10にするために補う数　残りの数

たし算は，交換法則が成り立つので前後どちらの数を分けてもよいのですが，この単元では位が繰り上がるしくみをしっかり理解するために，前の数を固定し，後の数を分割するパターンでそろえています。

上級レベル 20 たしざん (2)

算数⑳

解答

1 (1)(しき)　8+5=13
(こたえ)　13こ
(2)(しき)　5+7=12
(こたえ)　12ひき
(3)(しき)　6+8=14
(こたえ)　14だい
(4)(しき)　7+9=16
(こたえ)　16こ

2 (1) 14　(2) 18
(3) 14　(4) 17
(5) 16　(6) 17

3 (しき)　8+7=15
(こたえ)　15ほん

4
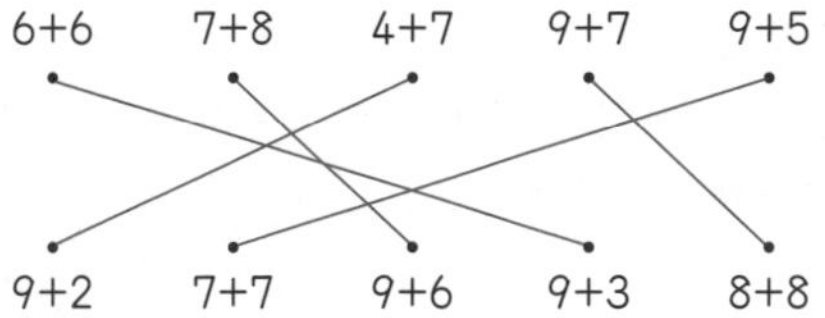

指導の手引き

1 具体物の数を通して数えるのではなく，例えば，(1)は「左は8，右は5」と別々に数え，式をつくって計算するというステップを踏みます。

2 (3)以降は，10以上の数と1けたの数をたす計算です。一の位の数をあわせればよいことに気づかせましょう。

12 + 4 = 16
10　2

また，10円玉1個と1円玉10個を用意して，式の形にならべてみせ，説明すると分かりやすいでしょう。

標準レベル 21 ひきざん (2)

算数㉑

解答

❶ (1) 14を　10と　4に　わけます。
まず　10から　8を　ひいて　2
14 − 8　→ 10 − 8 + 4 = 6
(2) 15 − 7　→ 10 − 7 + 5 = 8

❷ (1) 3，7
(2) 5，9
(3) 8，2，4

❸ (1) 9を　4と　5に　わけます。
まず　14から　4を　ひいて　10
ここから　のこりの　5を　ひきます。
14 − 9　→ 14 − 4 − 5 = 5
(2) 15 − 8　→ 15 − 5 − 3 = 7

❹ (1) 5，5
(2) 2，7
(3) 4，3，7

❺ (1) 8　(2) 4

指導の手引き

20までの2けたの数から1けたの数をひく，繰り下がりのあるひき算です。2通りの解法があります。

❶，❷は，もとの数を，10と「いくつ」に分ける方法です。さしひく数を10からひいて，「いくつ」にあたる数をたすと，答えになります。

❸，❹は，さしひく数を，「もとの数の一の位の数」と「残りの数」に分ける方法です。先に，「もとの数の一の位の数」をひいて10をつくり，次に，「残りの数」をひくと，答えになります。

例　16 − 7 = 9
　　　6　1
もとの数の一の位の数　残りの数

解答
算数

上級 レベル 22 ひきざん (2)

算数㉒

解答

❶ (1)(しき) 14−8=6

(こたえ) 6こ

(2)(しき) 12−7=5

(こたえ) 5こ

❷ (1)(しき) 14−6=8

(こたえ) 8こ

(2)(しき) 12−5=7

(こたえ) 7わ

❸ (1)9 (2)9

(3)8 (4)8

(5)6 (6)3

❹ (しき) 16−9=7

(こたえ) 7こ

❺ 13−9 15−8 14−8 12−7 13−5

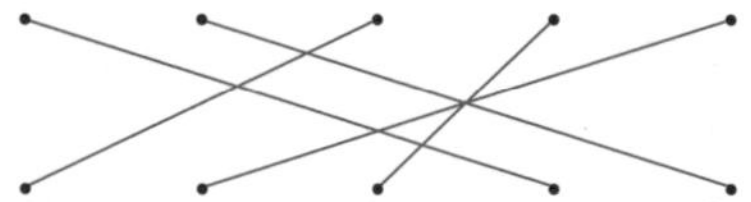

11−5 17−9 11−6 12−8 13−6

指導の手引き

1 数のちがいを求める方法として，1対1対応により消去し，残りがちがいである，という方法を学びましたが，数が大きくなると対応できなくなります。ここでは，具体物の数を別々に数え，式をつくってひき算する方法を学びます。

2 「はじめ」と「あと」の数の変化を，ひき算で考えます。変化する数を数字で示していますが，絵に内包されている数でひき算ができることを理解させましょう。

標準 レベル 23 ひろさくらべ，かさくらべ

算数㉓

解答

❶ (1)( ) (○)

(2)(○) ( )

❷ (1)あや (2)ひろと

❸ (1)エ (2)ウ

(3)オ (4)ウとカ

指導の手引き

❶ マス目を数えて，「ひろさ」をとらえる問題です。測定した数のひき算で判断できますが，(1)は重ねたときにはみ出る部分を数えやすい形状で，はみ出るマス目が多いほうが広いということを確認させましょう。

❷ 10を超える数は，数え落としや重複などのミスが格段に起こりやすくなります。声を出しながら数える⇔印をつける作業を確実に行います。

数えた結果を，余白にわかりやすくメモするなど，ミスを防ぐ方法を身につけさせましょう。

❸ コップを単位として，かさを比較する問題です。

(2)「アの2つぶん」→3ばい＋3ばいで6はい分であることをつかみます。

(3)「イのはんぶん」→8はいを2つに分けます。

ここでは，わり算ではなく，具体物(コップ)8個を4個と4個に分ける考え方です。

(4)コップの数のたし算で考えます。

「アと イを あわせた かさ」→3＋8＝11

ウ～カのコップの数(ウ6，エ10，オ4，カ5)の中からあわせて11となる2つの数をさがします。

上級 レベル 24 ひろさくらべ，かさくらべ

算数㉔

解答

1 (1)3まい (2)6まい (3)7まい

2 (1)5 (2)6 (3)ウ (4)7

3 (1)15 (2)ともき (3)4

4 (4) (2) (1) (3)

指導の手引き

1 正三角形は並び方が規則的なので，区切り線を考える練習に適しています。答え合わせのあとで，区切り線をかき入れさせましょう。

2 区切り線を入れて数えます。ましかく(正方形)がとれるところは，そのまま三角形2つ分で数えます。

(4)ウの下半分と比べて，エの下半分の形は明らかに小さいので，区切り方が違っていることが分かります。

エ

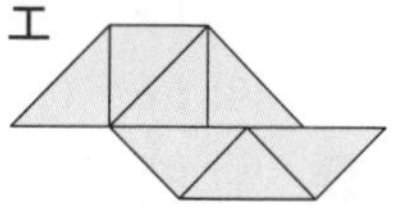

3 声を出して数えながら，マス目に印をつけて数えていきます。

(3)かえで(18個)とあすか(14個)の差を求めます。この段階では2けたの数のひき算は未習なので，2人の陣地のマス目を1対1対応で印をつけて消去し，考えさせましょう。

4 「つつのかたち」のかさを比べます。同じ幅(正しくは底面積ですが，幅・太さ程度の表現にとどめます)なら，高さでかさを比較できます。高さが同じであれば，幅で多い・少ないが決まります。

左から1番目は，水面の高さが低く，幅も狭いので，直感で最少と判断できます。高さがそろっている2～4番目を，幅に着目して序列します。

標準レベル 25 たしざんと ひきざん (1)

算数㉕

解答

❶ (1) 11 (2) 12 (3) 13 (4) 7
(5) 13 (6) 8 (7) 6 (8) 15
(9) 17 (10) 14

❷ (1) 4 (2) 5 (3) 7 (4) 8
(5) 8 (6) 12

❸

	6	9	5	8	10
8	14	17	13	16	18

❹

	5	8	9	4	10
14	9	6	5	10	4

❺ (しき) 5+7=12
(こたえ) 12こ

❻ (しき) 15−6=9
(こたえ) 9こ

指導の手引き

❶ たし算とひき算の混合問題です。速く正確に計算できるように，十分練習させましょう。

❷ 1けたの数の逆算では，式の意味をつかむことをねらいとしていましたが，ここでは問われている意味を理解したうえで，逆算の式をつくって形式的・パターン的に解決できることを目標とします。
たし算の場合は，□の位置が「＋」の前後どちらでも，ひき算の式をつくります。ひき算の場合は，次のようになります。

ポイント

・□の位置が「−」の後ろならひき算の式
・□の位置が「−」の前ならたし算の式

上級レベル 26 たしざんと ひきざん (1)

算数㉖

解答

❶ (1) 11 (2) 8
(3) 16 (4) 10
(5) 12 (6) 12
(7) 18 (8) 9
(9) 0 (10) 8
(11) 8 (12) 17
(13) 12 (14) 14

❷

	9	4	11	3	10
7	16	11	18	10	17

❸

	8	10	5	9	16
16	8	6	11	7	0

❹ (1) 8 (2) 9
(3) 13 (4) 13
(5) 3 (6) 7

❺ (1) 11こ
(2) 18こ

指導の手引き

❷・❸ 表による計算では，慣れるまでは指で数の位置を押さえてから，「7たす9は」「16ひく8は」と読み上げながら埋めていくとよいでしょう。計算の式を，頭の中で書いて計算できるようになりますので，反復練習させましょう。

❹ 前回に続いて，逆算の練習です。分からないときは，おはじきを式の形に並べて見せ，式の左右の「つりあい」を確認し，おはじきを追加する・取り去るなどの作業によって，考え方に慣れるようにさせます。紙に式と対応するように，○をかいて考えさせてもよいでしょう。

標準レベル 27 せいりの しかた

算数㉗

解答

❶

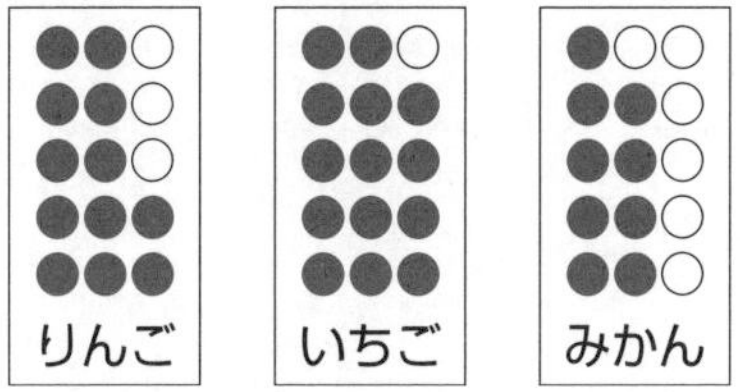

❷ (1)

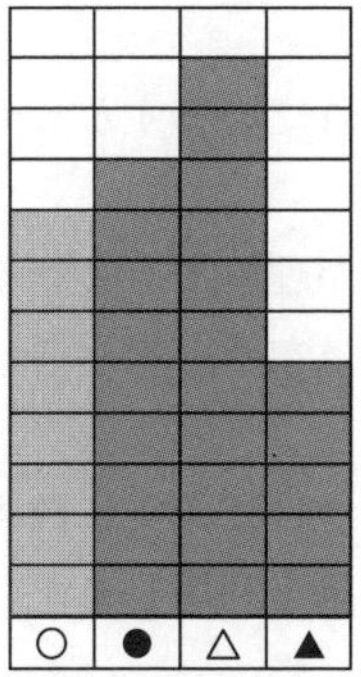

(2)(○ ● △ ▲)
(3) 6つ

指導の手引き

❶ 資料を整理して分かりやすく表す問題です。
1つのりんごの絵に印をつけて○を1つ塗る，という作業を反復します。○は，左端列下から上に順に塗ります。最後に，絵と●の総数を突き合わせて，数え落としがないことを確認します。絵の総数は，りんご・いちご・みかんの区別をしないで数えます。「に，し，ろく，はち，……」と2個ずつ数える，あるいは5個ずつ線で囲うなどの手法で，速く正確に数えるようにさせましょう。

❷ (1)数え間違いを防ぐために，①と同じように絵に1つずつ印をつけながら色を塗ります。数が比べやすくなったことを理解させましょう。

上級レベル 28 せいりの　しかた

算数㉘

解答

1 (1)くもり
(2)はれ…15　くもり…8
(3)はれ
(4)6日
(5)雨

指導の手引き

1 元の資料が表の形で提示されていますが，天気ごとに整理します。
(1)日付など，表の資料の意味が理解できているか確認する問題です。○◎●の記号ではなく，指示通りことばで答えます。
(2)元の資料の天気の欄に印をつけて確実に数えあげます。
(3)元の資料ではなく，(2)の結果を利用します。資料の整理の意味を知る問題です。
(4)資料の解析の練習です。同じ記号が続いているところを探します。14日から19日まで○が6日続いています。ここでは解答に影響しませんが，10日と11日のように段が変わるところもしっかり確認する必要があります。
(5)雨の日の次の日の天気を調べます。元の資料で●の右をチェックすればよいのですが，●●と雨が続くところを見落とさないようにします。
7日の次の8日→●　　8日の次の9日→◎
13日の次の14日→○　　25日の次の26日→◎
27日の次の28日→●　　28日の次の29日→●
29日の次の30日→○
だから，●は3，◎は2，○は2より，雨がいちばん多い。

標準レベル 29 20より　大きい　かず

算数㉙

解答

❶ (1)56　(2)42
❷ (1)64　(2)42
❸ (1)85　(2)40
(3)88　(4)100
❹ (1)87，77，57，47
(2)70，64，60，57
❺ (1)33　(2)10
(3)3

指導の手引き

100までの数を学びます。十の位の数を2～9まで拡張し，その延長で百の位の数を導入します。1年では，120程度までの数について扱います。

❶ (1)「5のまとまりが2つで10」と見て答えます。
(2)「10のまとまり＋1のあつまり」と見て答えます。

❷ たし算ではなく，10円玉がいくつ，1円玉がいくつ，……と数えます。
(2) 1円玉12個を10個と2個にわけ，全体で「10円玉が4つと1円玉が2つ」ととらえます。

❸ 20までの数と同様に，まず十の位の数でおおまかに大小を判定できることを確認します。100は(4)で初めて出てきますが，ここでは，100はどの2けたの数よりも大きな数，という感覚でとらえさせましょう。

❺ 文章から数がイメージしづらい様子であれば，10円玉と1円玉を用意して数えるようにしましょう。

上級レベル 30 20より　大きい　かず

算数㉚

解答

1 (1)80こ　(2)90こ
2 (1)3　(2)6
(3)20　(4)2
3 (1)46－47－48－49－50－51
(2)63－62－61－60－59－58
(3)34－36－38－40－42－44
(4)75－73－71－69－67－65
4 (1)58　(2)73
(3)46　(4)50
(5)31　(6)50

指導の手引き

1 工夫して数える技能を磨きます。数が増えると，1対1対応や，「いち，に，さん，……」式では対応できません。5や10のまとまりをうまくつくって，速く正確に数えあげます。

2 ひき算をして求めるのではなく，数の並び方の知識と一の位と十の位の数のちがいをおさえることで，2つの数がどのくらい離れているか考えます。

3 数の並び方の規則を見つける問題です。
(3)数がひとつおきに並んでいます。「34」と「36」の間に「35」と書きこむと，規則が目に見える形で分かります。

4 基準の数からどのくらい大きい・小さいかを，十の位の数と一の位の数の操作によって表します。
10の単位で大きい・小さいを比べるときは，十の位の数だけ操作すればよいことを理解させましょう。
(5)は，間の数を全部書き出して考えます。
28 － 29 － 30 － 31 － 32 － 33 － 34

標準レベル 31 たしざんと　ひきざん (2)

算数㉛

解答

❶ (1) 24　(2) 26　(3) 31　(4) 40
(5) 60　(6) 30

❷ (1) 46　(2) 39　(3) 72　(4) 70
(5) 50　(6) 30　(7) 82　(8) 49
(9) 75　(10) 70

❸

	4	7	0	6	10
30	34	37	30	36	40
52	56	59	52	58	62

❹

	3	8	5	6	10
48	45	40	43	42	38

指導の手引き

「2けたの数と1けたの数」「2けたの数と2けたの数」の，たし算とひき算を学習します。31・32ページでは，次の範囲の計算を扱います。

・「2けたの数＋1けたの数」「2けたの数－1けたの数」では，一の位の数の計算だけで完結するもの。
(例) 32 + 5

・「2けたの数＋2けたの数」「2けたの数－2けたの数」では，両方とも10単位の数(一の位が0)のもの。
(例) 40 + 50

・例外的に，任意の2けたの数＋10，－10

いずれも，十の位・一の位を別々にみるという原則通りに計算します。「40 + 50」のように10単位の数どうしの計算の場合は，実質的に1けたの数どうしの計算「4 + 5」になります。必要な位だけの計算は，千，万，……と位が大きくなるほど機会が多くなります。最後の0のつけ忘れや二重書きに注意して，しっかり習得させましょう。

上級レベル 32 たしざんと　ひきざん (2)

算数㉜

解答

1 (1) 38　(2) 60　(3) 61　(4) 38
(5) 10　(6) 69　(7) 90　(8) 58
(9) 90　(10) 60

2 (1) 13　(2) 17　(3) 8　(4) 38
(5) 29　(6) 109　(7) 82　(8) 118

3 (しき)　3+55=58
(こたえ)　58人

4 (しき)　34－3=31
(こたえ)　31人

5 (1) 7　(2) 4
(3) 50　(4) 86
(5) 40　(6) 40

指導の手引き

1・2　問題ごとに2けたの数，1けたの数が入り混じっているので，位の確認と計算には十分注意します。
どの計算も10円玉と1円玉を使って説明できます。ミスが目立つタイプの計算は，具体物を使って，数の動きをゆっくり確認させましょう。

3・4　文章からたし算・ひき算の判断が正確にできるようにします。文章がつかみきれない様子であれば，絵，記号などで補って考えるように指導して下さい。

5　逆算です。12ページ3では，式の意味を考えて答えの数を見つける方法，25ページ❷では，逆算の式をつくって形式的・パターン的に解決する方法を学びました。ここでは，左辺・右辺の式の意味や数の大きさをよく見て，暗算で答えを見つけることを目標としています。

標準レベル 33 3つの　かずの　けいさん

算数㉝

解答

❶ (1) 7　(2) 10　(3) 16　(4) 18
(5) 17　(6) 19　(7) 18　(8) 19
(9) 28　(10) 80

❷ (1) 4　(2) 10　(3) 12　(4) 3
(5) 3　(6) 8　(7) 12　(8) 6
(9) 6　(10) 14

❸ (しき)　6+5+7=18
(こたえ)　18こ

❹ (しき)　14－7+10=17
(こたえ)　17人

❺ (1) 3　(2) 5
(3) 5　(4) 8

指導の手引き

❶　3つの数のたし算です。前から順にたしていくことが基本になります。
これまでの計算練習で，たし算はたす順序を変えても答えは同じになるということを理解しているようでしたら，10がつくれるところを先にたすように助言するとよいでしょう。

❷　ひき算が入ると，入れ替えには注意を要します。ここでは，前から順に計算することを徹底し，確実に計算ができることを目標とします。難しく感じている様子が見受けられるときは，前2つの計算の結果を，式の途中(上など)に書き込みます。このとき，小さい字で控えめに書くのではなく，問題の数字と同じ大きさで，はっきり書き入れるように指導して下さい。

上級レベル 34 3つの かずの けいさん
算数34

解答

1 (1) 18　(2) 15　(3) 17　(4) 12
(5) 4　(6) 15　(7) 6　(8) 9
(9) 14　(10) 18

2 (1) 42　(2) 75　(3) 58　(4) 30
(5) 90　(6) 100　(7) 40　(8) 23
(9) 0　(10) 100

3 （しき）　7+7+4=18
（こたえ）　18 ひき

4 （しき）　16−8−6=2
（こたえ）　2 こ

5 (1) 7　(2) 9
(3) 6　(4) 7　(5) 12

指導の手引き

3　文章から，「あに」がとったかぶと虫は，7 + 4（ひき）であることを読み取ります。分からないときは，「わたし」と「あに」がとったかぶとむしを，○の記号で別々にかいて考えさせましょう。

5　逆算の問題です。数が 3 つ以上になると，形式的に式をつくるのが格段に難しくなります。ここでは，式の意味を多角的にとらえることに主眼を置きます。
(1)先に「15 − 6」を計算して，9 → 9 −□= 2
(2)前から順に計算した経験を逆にたどって，「最後に 6 をひくと 11 になった」ことに着目させます。「6 をひく前は 17」→「8 と□をたすと 17」という要領でたどります。
(5)「最後に 7 をたすと 10」→「7 をたす前は 3」
→□− 9 = 3

標準レベル 35 とけい
算数35

解答

1 (1) 1 じ　(2) 9 じ　(3) 2 じはん（2 じ 30 ぷん）
(4) 6 じ 20 ぷん　(5) 7 じ 15 ふん
(6) 11 じ 35 ふん

2 3 かい

3 (1)

(2)

(3)

4 (1)

(2)

(3)

5 (1) 1 じ 55 ふん
(2) 6 じ 50 ぷん
(3) 3 じ 15 ふん

指導の手引き

1　5 分単位で，時刻を正しく読み取ります。半時の表記は，「2 じはん」「2 じ 30 ぷん」のどちらでも構いません。

4　針の動きをくわしく扱います。
(2)半の短針の位置をかき入れます。11 と 12 のまん中にかき入れます。小さい目盛りとの関係には触れなくて結構です。
(3)短針は，5 時半と 6 時の間にあれば正解とします。以降の問題も，「正時」「半」以外はその間にあれば正解とします。はっきりと 5 時，6 時，5 時半などの位置にかき入れているときは，時計を使って確認させましょう。

5　文章から時刻を表せないときは，時計を正時にあわせ，問題文の通りに長針を「まえ」「あと」に動かして見せます。「まえ」のときは，時間が繰り下がることに注意させます。

上級レベル 36 とけい
算数36

解答

1 (1) 10 じはん（10 じ 30 ぷん）
(2) 11 じ 50 ぷん　(3) 8 じ 24 ぷん

2 (1)

(2)

(3)

3 (1)

(2)

(3)

4 (1) 12 じ 55 ふん
(2) 4 じ 30 ぷん
(3) 10 じ 35 ふん

5 4 じかん

6 5 じ 30 ぷん

指導の手引き

1 分単位の読み取りのほか，1 時間進む間の短針の動き方について理解を深めます。

3　(2)(3)短針の位置は，35 ページの基準通りで答え合わせをします。小さい目盛りは長針の 1 分ごとの動きを表すほか，短針が 12 分ごとに指す位置でもあります。1 年の内容では 12 分ごとの動きには触れませんが，0 分からの時間の経過とともに短針が少しずつ進むことを，実物の時計をつかって確かめさせましょう。

5　時計の表示から経過時間を考えます。長針の位置が同じ位置であることから，短針だけで判断します。短針が 11 の位置から 4 つ分進んでいることから，4 時間経過していることがわかります。時計がさしている「時刻」と「経過した時間」を混同しないよう，特に注意させましょう。

標準レベル 37 たしざん (3)
算数㊲

解答

❶ (1) 54　(2) 53　(3) 46
(4) 68　(5) 40

❷ (1) 62　(2) 66
(3) 82　(4) 41
(5) 63　(6) 84

❸ (1) 39　(2) 76
(3) 59　(4) 48
(5) 30　(6) 99

❹

	30	24	4	41	8
52	82	76	56	93	60

指導の手引き

37・38 ページで新たに学ぶ計算は，次の通りです。
・「2 けたの数 + 2 けたの数」で，繰り上がりのないすべての計算
・「2 けたの数 + 1 けたの数」で，一の位の数の計算の結果が 10 となるもの（例）34 + 6

十の位・一の位を別々に計算して，結果をあわせます。1 年生では，2 けたの数どうしで繰り上がり・繰り下がりのある計算は扱いませんが，発展的に取り扱います。
「十の位・一の位を別々に」という原則通りに計算しますが，例示した「34 + 6」の計算では，「4 + 6」の結果の 10 と，保留にしていた 2 けたの数部分の 30 とあわせて，答えは 40 となります。2 年生以降で学ぶ，繰り上がりのある 2 けたの数・3 けたの数の複雑な計算への助走として重要な事柄ですので，しっかり理解できるまで練習させましょう。どの計算も，10 円玉と 1 円玉を使って説明できるので，ゆっくり確認しながら進めていきましょう。

上級レベル 38 たしざん (3)
算数㊳

解答

1 (1) 91　(2) 82
(3) 75　(4) 67
(5) 39　(6) 40
(7) 30　(8) 40
(9) 70　(10) 100

2 （しき）34＋32＝66
（こたえ）66 人

3 (1) 48　(2) 98
(3) 49　(4) 89
(5) 77　(6) 90

4 (1) 75 本
(2) 96 本
(3) 60 本

指導の手引き

ここでは，次の計算を発展的に扱います。
・「2 けたの数 + 2 けたの数」で，一の位の計算の結果が 10 となるもの（例）24 + 56
「十の位・一の位を別々に」の原則通りに計算すると，例示した「24 + 56」の計算では，十の位の数は「20 + 50 = 70」，一の位の数は「4 + 6 = 10」となります。ここで，37 ページで学習した，『「2 けたの数 + 1 けたの数」で，一の位の数の計算の結果が 10 になる場合』の経験を応用すると，「70 と 10 をあわせて 80」が導かれます。

3 3 つや 4 つの数のたし算です。前から順に計算します。

4 小問ごとに必要な数を，文中から正しく抜き出せるように，文章をしっかり読み取らせましょう。赤い花の数を□で，白い花の数を○で囲むなど，工夫しましょう。

標準レベル 39 ひきざん (3)
算数㊴

解答

❶ (1) 23　(2) 21　(3) 12

❷ (1) 24　(2) 50　(3) 11　(4) 25

❸ (1) 37　(2) 7　(3) 10　(4) 12
(5) 50　(6) 54　(7) 2　(8) 0
(9) 60　(10) 24

❹

	30	42	35	5	50
57	27	15	22	52	7

	24	40	5	15	45
45	21	5	40	30	0

指導の手引き

39・40 ページでは，次のひき算を学習します。
・「2 けたの数 − 2 けたの数」で，繰り下がりのないすべての計算
・「2 けたの数 − 1 けたの数」で，一の位の数の計算だけで完結するもの（例）58 − 7　37 − 7

十の位・一の位を別々にみるという，原則通りに計算します。たし算と同様に，どの計算も 10 円玉と 1 円玉を使って説明できますが，ひき算の結果で空位(0)となる場合，答えの数の書き方に注意させましょう。

❸ (5)一の位の数が 0 になる場合，十の位の数だけ書いて，一の位の 0 を書き忘れないように注意させましょう。
(7)十の位が 0 になります。答えでは，十の位に 0 を書かないように気をつけさせましょう。

❹ 表による計算では，数を指で押さえ，確かめながら計算させます。ここでは，暗算で答えが出せるように復習させましょう。

上級レベル 40 ひきざん (3)

算数40

解答

1 (1) 11　(2) 4　(3) 30　(4) 12
(5) 8　(6) 25　(7) 78　(8) 105
(9) 30　(10) 104
(11) 42　(12) 4

2 (1) 50　(2) 40　(3) 43　(4) 23
(5) 51　(6) 44

3 (しき)　75−54=21
(こたえ)　21円

4 (しき)　88−41−23=24
(こたえ)　24ページ

5 (1)−，−　(2)+，−
(3)+，−　(4)−，+

指導の手引き

1 さまざまなタイプのひき算の問題を集めています。位ごとにひき算した結果の数が0になる場合，100より大きい数の計算では，空位の記数に細心の注意を払います。

(8) 110 − 5
前の数を100と10に分け，「10 − 5」を計算します。残った100と5をあわせて105となりますが，十の位に0が入ることを確認させましょう。

5 式のつり合いをみて，+，−を判断します。
いちばん左の数と，=の右の計算の結果の数を比べて，数が増えるか減るかを調べます。
増えているなら必ず+が入り，減っている場合は−が入ります。続く数をみて，+と+，+と−，−と+，……という要領で順番にあてはめてみて，問題にあうものをさがします。

標準レベル 41 もんだいの かんがえかた (1)

算数41

解答

1

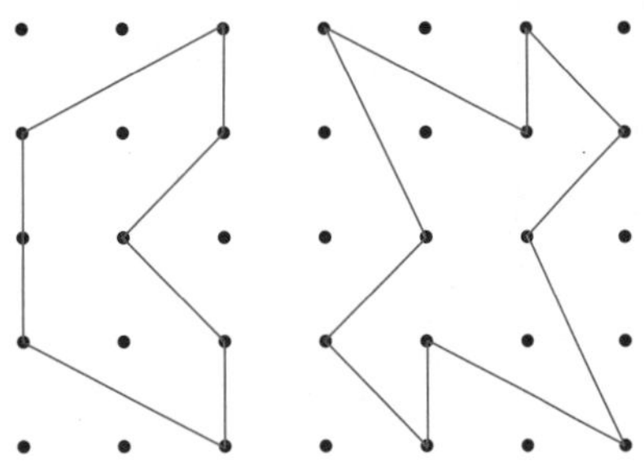

2 (1) 18こ　(2) 14こ　(3) 13こ

3 (1) 6人　(2) 4人
(3) 2人に　わけられて　2こ　のこる
(4) 4人まで

指導の手引き

1 線の長さ・傾き(向き)をよく見て，点の結び方を考えます。短い線からかいていきます。かき終えたら，元の絵と重なるかどうか確かめます。

2 階層ごとにじっくり数えます。
上に積み木があるところはその下にも必ず積み木があることに着目します。

(3)　1段目　2段目　3段目

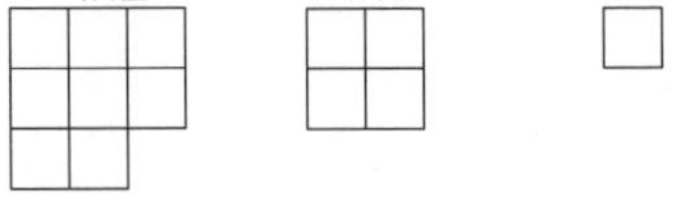

3 具体物を，作業によって等分する問題です。わり算ではなく，同じ数ずつ取り分けていく動作を繰り返して，具体物を分けていきます。その繰り返した回数で，いくつに分けられたのか，あるいは，等分された具体物の個数を考えさせます。

上級レベル 42 もんだいの かんがえかた (1)

算数42

解答

1

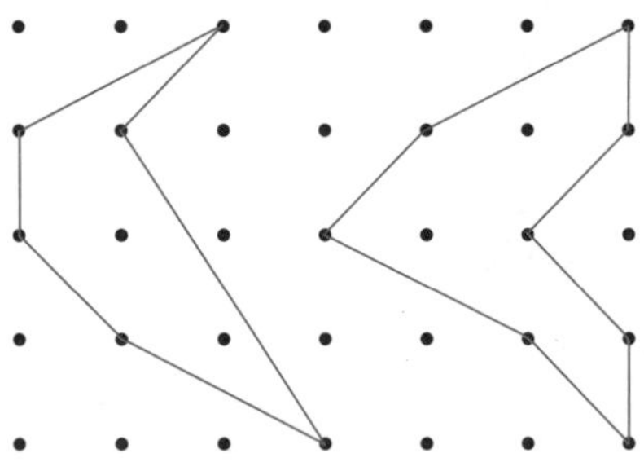

2 (1) 26こ　(2) 23こ　(3) 25こ

3 (1)エ　(2) 2　(3) 3
(4) 3　(5)ア 2　イ 2

指導の手引き

2 真上から見た図をかき，場所ごとに重なっている積み木の数を考える方法も有効です。

(2)

4	3	2	1
3	2	1	1
2	1	1	
1	1		

3 (2)エの6個の○を，イと同じ数(3個)ずつ取り分けて(区切って)いきます。2回繰り返すので，イを2つあつめるとエと同じになります。
(3)オの12個の○を，ウと同じ数(4個)ずつ取り分けていきます。3回繰り返すので，3つに分けられます。
(4)オからエを取り分けると，12 − 6 = 6
残りの6個をアと同じ2個ずつ取り分けると，3つに分けられます。
(5)ア5とイ0でも数はあいますが，「あつめる」という表現にふさわしくないので，より問題にあう答えを見つけるようにします。

標準レベル 43 もんだいの　かんがえかた (2)

算数㊸

解答

❶ (1)(あい，かな，とも)　(あい，とも，かな)
(2)(あい，とも，かな)　(かな，とも，あい)
(3)(かな，あい，とも)　(とも，あい，かな)
(とも，かな，あい)
※(1)〜(3)は，かっこの　中の　ならびかたが　あって　いれば，じゅんばんが　かわって　も　かまいません。

❷ 6とおり

❸ (1)4人　(2)11人　(3)9人

指導の手引き

❶ 順列・組み合わせの内容です。考えられる場合をもれなく書き出す作業を通して，注意力・集中力・工夫する力・法則性を見つけ出す力を高めます。
(1)，(2)の解答には，同じ並び方(あい，とも，かな)があります。(3)の3通りとあわせて，3人の並び方は全部で6通りあります。

❷ 全部で6通りの塗り方になります。
(赤，白，青)，(赤，青，白)，(白，赤，青)，(白，青，赤)，(青，赤，白)，(青，白，赤)

❸ 相関表の問題です。表の意味を知り，条件に合うように表から資料を選び出せることを目標とします。
(2)漢字テストの10点の欄を横に見ます。
1 + 5 + 5 = 11(人)
(3)2つの点の合計が16点の人は，以下になります。
・漢字テストが10点で，計算テストが6点
・漢字テストが8点で，計算テストも8点
・漢字テストが6点で，計算テストが10点
表より，1 + 6 + 2 = 9(人)です。

上級レベル 44 もんだいの　かんがえかた (2)

算数㊹

解答

1 (1)(みかんとりんご)　(みかんとぶどう)
(みかんともも)　(みかんとなし)
(2)(みかんとりんご)　(みかんともも)
(みかんとなし)　(りんごともも)
(りんごとなし)　(ももとなし)
※(2)は，かっこの　中の　くみあわせが　あって　いれば，じゅんばんが　かわって　も　かまいません。
(3)10とおり

2 (1)3人　(2)9人　(3)11人　(4)14人

指導の手引き

1 もれが無いように丁寧に数えあげるよう指導して下さい。
(3)(みかんとりんご)，(みかんとぶどう)，
(みかんともも)，(みかんとなし)，
(りんごとぶどう)，(りんごともも)，
(りんごとなし)，(ぶどうともも)，
(ぶどうとなし)，(ももとなし)の10通りです。

2

		2かいめ					
		0てん	2てん	4てん	6てん	8てん	10てん
1かいめ	0てん						
	2てん				2人	1人	
	4てん		2人	1人		2人	1人
	6てん		1人	4人	2人	1人	3人
	8てん					5人	4人
	10てん				1人	6人	3人

(2)1回目の8点の欄を横に見ます。
5 + 4 = 9(人)
(3)太線で囲ったところの合計です。
(4)色がついたところの合計です。

45 最上級レベル 1

算数㊺

解答

1 (1)10　(2)2　(3)20
(4)88　(5)80

2 (1)8　(2)7　(3)22　(4)18
(5)7　(6)78　(7)36　(8)103

3 ①ながしかく　②ながしかく
③まる　④さんかく

4 (1)62，67，69
(2)45，55
(3)47，67
(4)44，46
※(1)〜(4)は，じゅんばんが　かわっても　かまいません。

指導の手引き

2 逆算です。数字が大きいので，逆算の式をつくって求めます。ひき算は特に注意します。
(2)16 − 9　　(4)11 + 7
(8)100より大きい数どうしの計算は未習です。
逆算の式「106 − 3」は計算できます。

3 ①「つつのかたち」を真上から見た形は紙に写しとれません。ここでは実際に試してみて，奥行きを考えずに「ながしかく」に見えることを確かめます。

4 十の位の数で仲間分けします。
(3)十の位が4の数と6の数からさがします。
(4)十の位の数に注目して，4と5，4と6，5と6ではあわせると90を超えてしまうことに気づかせます。
十の位が4の数の中から，一の位の数が10を分けた4と6を選び出します。

46 最上級レベル ②

算数46

解答

1 (1) 41 (2) 48
(3) 65 (4) 3
(5) 33 (6) 89
(7) 56 (8) 2

2 (1) 7ひき
(2) 5ばんめ

3 (1) 6じ 15ふん
[1じかん]あと 7じ 15ふん
(2) 4じ 30ぷん
[3じかん]あと 7じ 30ぷん
(3) 7じ 20ぷん
[8じかん]あと 3じ 20ぷん

4 (1) 9こ (2) 9こ

指導の手引き

2 実際に絵をかいて考えます。○などの記号で，半具体物化した図をかいて考えさせましょう。

まえ ○●○○●○○○○ うしろ
↑ 2番目　↑ 5番目

3 (3)文字盤上で，7時の「7」から短針を右回りに8つ進めます。長針の位置は変わらないので，3時20分となります。

4 図の中にアのかたちを敷きつめます。
向きを変えながら，イにかき込んでいきましょう。かき込んだところに印をつけながら，数えあげていくことが大切です。

47 最上級レベル ③

算数47

解答

1 (1) 12
(2) 88
(3) 30

2 (1) −，＋
(2) ＋，−

3 8こ

4 (1) 18 (2) 3
(3) エ (4) ウ

5 (1) 8こ (2) 3こ

指導の手引き

1・2 式を観察してつり合いや数の増減を考える問題を集めています。数的感覚を磨くために，いろいろな式に慣れるようにしましょう。

3 ○の記号を使って，おはじきを並べた図をかきます。
左 ○○○○○●○○ 右
↑
左から6番目，
右から3番目
「6＋3＝9」とはならないことを理解させましょう。

5 あめを1こずつくばるときは，人数とくばるあめの個数が同じ数になります。ひき算を繰り返して求めさせましょう。
(1) 18 − 5 − 5 ＝ 8
(2) 8 − 5 ＝ 3

48 最上級レベル ④

算数48

解答

1 (1) 99 (2) 12
(3) 48 (4) 0
(5) 18 (6) 80

2 (1) [14]−[16]−[18]−[20]−[22]−[24]
(2) [45]−[40]−[35]−[30]−[25]−[20]
(3) [52]−[56]−[60]−[64]−[68]−[72]

3 3じ 30ぷん

4 79

5 (1) 3と8
(2) 2と3，2と5，3と5
(3) 8

指導の手引き

4 5や10のまとまりをできるだけ多くつくって，速く確実に数えあげます。

5 選んだ2つの数の和についての設問なので，組み合わせの考え方です。左から右に，2つを線で結ぶ作業を繰り返して数えあげます。

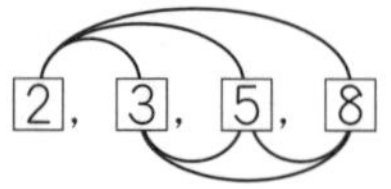

2と3，2と5，2と8，3と5，3と8，5と8
全部で6通りの選び方があります。

ポイント
選び出すときには，先に選んだものより右側からもうひとつを選ぶようにして重複を避けます。

標準レベル 49 がっこう　だいすき
生活①

解答

❶

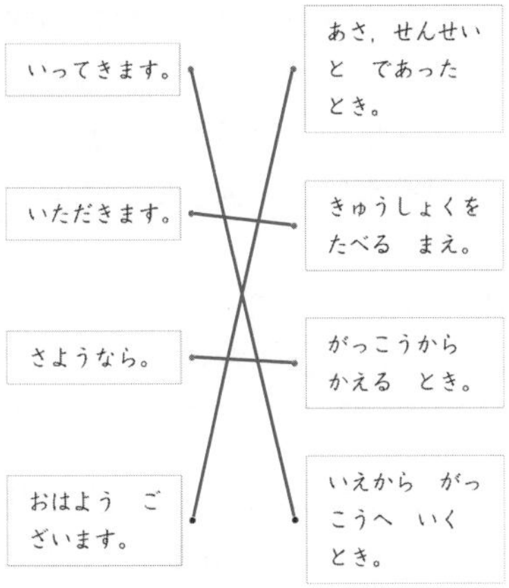

❷ (1)ウ　(2)カ　(3)エ
(4)オ　(5)ア　(6)イ

指導の手引き

❶ 登下校のときの「いってきます」や「さようなら」のあいさつ，食事のときのあいさつ，友だちとするあいさつなど，さまざまな場面で適切なあいさつができるように教えましょう。

ポイント 先生や登下校中に出会う人への接し方，あいさつの仕方について指導しましょう。

❷ 体育館は，体育の授業や入学式，卒業式などに使われます。理科室は，理科の授業で使う教室で，実験の道具がそろっています。図書室は，多くの本があり，読書や調べ物ができます。

注意 学校によって教室や施設にちがいがあることに配慮し，それぞれの教室や施設の役割と，学校生活を支えている先生の存在について気づかせましょう。

上級レベル 50 がっこう　だいすき
生活②

解答

1 (1)○，△　(2)△，△　(3)△，○
2 (1)ほけんしつ　(2)としょしつ
(3)たいいくかん
3 (1)○　(2)×

指導の手引き

1 学校のマナーやルールについて，理由とともに考えさせましょう。
(1)職員室に入るときは，「失礼します」と言って，おじぎをしてから入りましょう。
(2)廊下では，走ったり，大声を出したりしないようにしましょう。このようなことをすると，授業の迷惑になることを気づかせましょう。
(3)外で動物や土をさわったあとは，必ず手を洗うように指導しましょう。

ポイント みんなが快適に学校生活をおくるには，学校のルールに従って行動することが大切です。そのルールは何故守らなければいけないのかを考えさせ，納得して行動できるように指導しましょう。

2 (1)けがをしたときは，消毒薬やばんそうこうなどが置かれている保健室に行きます。
(2)図書室では本を借りて読んだり調べ物をしたりすることができます。
(3)体育館には，体育の授業で使うボールやとび箱，マットなどが置かれています。

3 (2)の絵では，急に道路へ飛び出すことの危険について気づかせ，交通ルールを守る大切さを伝えましょう。

注意 家から学校へ通う間に，どのような場所で注意すべきかを，一緒に確認しましょう。

標準レベル 51 はるが　きたよ
生活③

解答

❶ (1)ア　(2)エ　(3)ウ　(4)イ
❷ (1)○　(2)△　(3)○　(4)○
(5)△　(6)○

指導の手引き

❶ 学校の中で，春を探そうとするとき，植物や動物などの生き物の変化に着目するとよいでしょう。自然に対する興味や関心をもたせ，生き物を大切にする気持ちを育てましょう。

注意 学校によって，飼育小屋や池がないところもあります。生き物が，どのようなところで生活しているかを考えさせましょう。

❷ (1)サクラの花は，春に咲きます。どのような場所にサクラの花が咲いているか聞いてみましょう。
(2)ヒマワリの花は，おもに夏に咲きます。
(3)チューリップの花は，春に咲きます。どのような色の花を見つけたか，聞いてみましょう。
(4)タンポポの花は，春から夏にかけて咲きます。花が咲き終わると，綿毛ができ，風で種が飛びます。
(5)セミは，夏に多く見られます。
(6)モンシロチョウは，おもに春から夏にかけて見られます。

ポイント 学校のまわりや通学路では，どのような植物や昆虫を見つけることができるのか聞いてみましょう。どのようなことに興味をもっているのかを知る手立てとなります。また，春とほかの季節とのちがいに気づかせ，四季の移り変わりを楽しむ心を養いましょう。

上級レベル 52 はるが　きたよ
生活④

解答

1 れい うさぎ／にわとり／ちょうちょう／ちゅうりっぷ　など

2 (1)さくら　(2)ちゅうりっぷ
(3)たんぽぽ　(4)しろつめくさ

指導の手引き

1 絵を見ながら，植物や動物などの生き物を答えさせましょう。また，実際に，自分の学校で，それらの生き物やこの絵に載っていない生き物を見つけてみるとよいでしょう。見つけた生き物を観察させ，気づいたことを聞いてみましょう。さらに，生き物が生活している場所のちがいを意識させることで，自然のおもしろさや不思議に気づくことができます。

ポイント
それぞれの場所で，どのような植物や動物が生活しているかを考えさせ，自然への関心を深めましょう。どこで見つけたのか，どのようなすがたをしていたのかを聞いてみましょう。自然との関わり方を知る手立てとなります。

2 春に咲く花の名まえを，確認しましょう。名まえとともに，どのような場所に咲いているか，どのように咲いていたかなども聞いてみましょう。また，サクラやタンポポには，さまざまな種類があります。これらのことに気づかせることも大切です。草木の名まえとともに，どのような場所で咲いているかなども関連づけてつかませましょう。

ポイント
名まえのわからない生き物は，図鑑で調べたり，大人に聞いたりするように教えましょう。自ら課題に取り組み，解決する力の基礎を養います。

標準レベル 53 はなを　そだてよう
生活⑤

解答

❶ (1)エ　(2)ウ　(3)イ　(4)ア

❷

❸ (1)イ　(2)ウ　(3)ア

指導の手引き

❶ (1)アサガオの花は，夏に咲きます。種を植えてから，どのように成長し，どのような花が咲くか，観察させましょう。
(2)ヒマワリの花は，おもに夏に咲きます。
(3)マリーゴールドの花は，春から秋にかけて咲きます。
(4)タンポポの花は，春から夏にかけて咲きます。花が咲き終わると，綿毛ができ，風で種が飛びます。

ポイント
身近に咲いている花です。学校や通学路で探してみたり，実際に育てたりするとよいでしょう。

❷ 種から，どのような花が咲くかを，考えさせましょう。また，花を咲かせるまでに，どのように変化したかを，考えさせることも大切です。

❸ (1)種をまくときは，土をやわらかくするとよいでしょう。
(2)つるが伸びてきたときは，つるとつるがからまないように，支柱を立てましょう。
(3)土がかわいているときは，水をたっぷりあげるとよいでしょう。

上級レベル 54 はなを　そだてよう
生活⑥

解答

1 (1) れい つちを　ふかふかに　やわらかく　する。／ひりょうを　まぜる。など
(2) れい しちゅうを　たてる。／となりの　つると　からまない　ように　する。など

2 (1)，(3)

3 (1)ひまわり　(2)あさがお
(3)たんぽぽ　(4)まりいごおるど

指導の手引き

1 (1)種をまくときは，土をふかふかにしたり，肥料をまぜたりするなど，花が育つ環境を作るように教えましょう。
(2)アサガオは，成長するとつるが伸びてくるので，支柱を立てたり，他の植物とからまないようにしたりするなど，工夫をさせるとよいでしょう。

2 (1)植物は太陽の光があたるところで育てましょう。
(2)雑草が生えてきたら，栄養分がとられないように，すぐに抜くようにしましょう。
(3)夏は気温が高く，すぐに土がかわいてしまうので，水をあげましょう。

ポイント
学校によって，育てる植物が異なります。どのような植物を育てているのか，どのような工夫をしているのかを聞いてみましょう。また，植物が成長するときの変化について気づかせることも大切です。

3 植物の種と花のようすを覚えましょう。実際に育てるときは，花から種ができるまでのようすを観察してみましょう。

標準レベル 55 なつが　きたよ
生活⑦

解答

1 (1)△　(2)○
(3)△　(4)○

2 れい すなあそび
びいちぼおるあそび

3 (1)ウ　(2)イ
(3)ア　(4)エ

指導の手引き

1 (1)カタツムリは乾燥を嫌います。雨が降ると，葉や石の上に見られます。
(2)セミは雨が降ると，鳴かずに葉のかげなどで，じっとしています。
(3)アマガエルは，水辺で生活し，雨が降ると，鳴いているすがたを見ることができます。
(4)シオカラトンボは，雨が降って，気温が低くなると，飛んでいるすがたを見ることができなくなります。雨が降っているときは，雨粒を避けて葉のかげなどに，かくれています。

2 解答例のほか，海水浴，砂山作りなどでもよいでしょう。

3 (1)スイレンは，池などに育ち，水面に葉や花を広げます。
(2)セミの成虫は，木の幹にとまっているところをよく見かけます。
(3)カタツムリは，アジサイの葉や石の上などでよく見られます。
(4)ヤドカリは，砂浜などの海の近くなどで，見つけることができます。

ポイント
夏休みに出かけた場所で，どのような動物や植物を見つけたかを聞いてみましょう。

上級レベル 56 なつが　きたよ
生活⑧

解答

1 (1)せみ
(2)かたつむり
(3)すいれん
(4)やどかり

2 エ→ア→イ→ウ

3 れい みずてっぽうあそび

指導の手引き

1 夏に見られる生き物の名まえを覚えましょう。また，どのような場所で見られるか，どのような特徴があるかなどを考えさせましょう。

ポイント
知らない生き物は，図鑑を調べたり，先生に聞いたりして，調べるように教えましょう。自ら調べ，考える力を育てましょう。

2 アサガオの種を植えてから花が枯れ，種ができるまで，どのように育つかを，実際に育てるなどして，考えさせましょう。葉が大きくなったときや，花が咲いたときなどよく観察させ，どのようなことに気づいたかを聞いてみましょう。

注意 学校によって，育てる植物が異なります。アサガオを育てていない場合でも，植物が成長する流れを考えさせることが大切です。

3 水でっぽうで遊んだり，色水を作ったり，実際に夏休みにしたことのある遊びが書けるとよいでしょう。また，新しい遊びを自分で考えることも大切です。新しく考えた遊びで，実際に遊んでみましょう。

標準レベル 57 いきものと　なかよし
生活⑨

解答

1

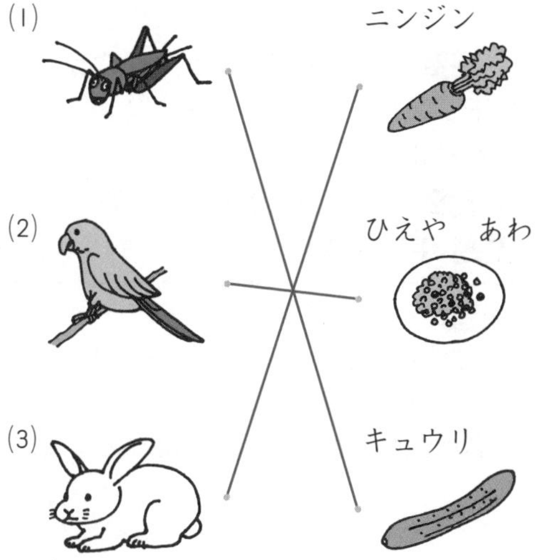

2 (1)イ　(2)ウ
(3)ア　(4)エ

指導の手引き

1 (1)コオロギを飼うときは，キュウリやナス，かつおぶしなどをえさとして与えます。
(2)インコはひえやあわなどの穀物や豆などをよく食べます。
(3)ウサギはニンジンやキャベツなどの野菜をよく食べます。学校で飼っている場合は，どのようなえさを与えているか聞いてみましょう。

2 (1)動物を飼うとき，どのようなえさを食べるのか，どのような場所で飼うのがよいかなどを調べて，準備をすることが大切です。
(2)生き物を飼うための水そうの水は，数日ごとに取りかえて，きれいにしておきましょう。
(3)生き物を飼うための飼育小屋や水そうは，こまめにそうじをして，すみやすいようにしましょう。

上級レベル 58 いきものと　なかよし
生活⑩

解答

1　(1)イ　(2)エ

2　(1) れい おちばの　つもったところ／石の下　など

(2)おちば

(3) れい からだが　まるく　なる。

3　れい 手を　あらう。

指導の手引き

1　(1)飼っている動物のようすがおかしいときは，すぐに先生や大人の人に相談するように指導しましょう。獣医さんは，動物専門のお医者さんであることを，教えましょう。

(2)動物は，とつぜんさわられたり，抱きあげられたりするのが好きではありません。動物には，やさしくふれるように指導しましょう。

ポイント
動物とふれ合うことで，動物も人と同じように生命をもつことや，成長していることに気づかせましょう。

2　(1)ダンゴムシは，石の下や，植木鉢の下など，暗くて，湿っている場所でよく見られます。実際に，家の庭で探してみましょう。

(2)ダンゴムシは，おもに落ち葉や枯れ葉をえさにしています。

(3)ダンゴムシをさわると，驚いて，お腹を内側にして，丸くなります。これは，外敵から身を守るためだと，教えてあげましょう。

3　生き物にさわる前やさわった後は，必ず手を洗うように指導しましょう。

標準レベル 59 かぞくと　いっしょに
生活⑪

解答

❶　(1)○　(2)○　(3)△　(4)○

❷　(1)ものほしざお

(2)そうじき

(3)ぞうきん

(4)ほうき

(5)じょうろ

(6)ほうちょう

指導の手引き

❶　家庭には洗濯物をほしたり，風呂のそうじをしたりするなど，さまざまな仕事があることに気づかせましょう。そして家族それぞれがどのような役割をもっているか，興味をもたせるようにしましょう。

ポイント
家庭における自分の役割やこれからやってみたいことを聞いてみましょう。家の仕事を通して家族の大切さや自分が家族に支えられていることに気づかせましょう。

❷　(3)ぞうきんのふき方には，ぬらさずにふく「からぶき」とぬらしてふく「水ぶき」があります。ぞうきんの洗い方やしぼり方を家庭で身につけるようにしましょう。

(5)学校や家庭で育てている植物に水をやることの大切さを教えましょう。

(6)料理を作るのにかかせない包丁の役割と，正しいもち方を，合わせて教えるようにしましょう。

注意　家庭によって，使っている道具は異なります。自分の家で，どのような道具を使っているか，興味をもたせましょう。

上級レベル 60 かぞくと　いっしょに
生活⑫

解答

1　(1) れい しょっきを　はこぶ。／さらや　はしを　だす。など

(2) れい ふきそうじを　する。／そうじきを　かける。など

(3) れい みずを　やる。／くさを　とる。など

2　(1)まないた

(2)しゃもじ

(3)ちりとり

(4)やかん

(5)ハンガー，せんたくばさみ

(6)バケツ

指導の手引き

1　家族でご飯を食べているときや，家のそうじをしているとき，花を育てるときだけでなく，他の場面でもどのようなことに取り組んでみたいかを考えさせ，やる気を引き出すようにしましょう。また，家庭における自分の役割を考えさせることも大切です。家の中で，日ごろしているお手伝いについて書いてみるとよいでしょう。

注意　お手伝いで役割をもたせると同時に，自立して自分でできることも増やしてあげましょう。

2　日常の生活体験を通して道具の名まえや使い方が自然と身につくようにするとよいでしょう。さらに，どんなことをしたら危ないのか，どのようにしたら上手にできるかなどを考えるとよいでしょう。

ポイント
家庭で料理やそうじをするとき，関連する道具の名まえや使い方を教えてあげましょう。

標準レベル 61 あきが　きたよ
生活⑬

解答

❶ (1)○　(2)△
(3)△　(4)○

❷ (1)○　(2)△　(3)○
(4)△　(5)△　(6)○

指導の手引き

❶ (1)秋になると，気温が下がり，葉っぱの色が赤や黄色に変化します。学校からの帰り道などで，探してみるとよいでしょう。
(2)カブトムシは夏によく見られます。
(3)モンシロチョウは，おもに春から夏にかけてよく見られます。
(4)秋になると，木の実が落ちて，どんぐりやまつぼっくりなどを拾うことができます。どのような形のどんぐりが落ちていたか，どこに落ちていたかなどを聞いてみるとよいでしょう。

❷ (1)秋には，カエデの葉が，赤や黄色に紅葉します。
(2)サクラの花は春に咲きます。
(3)秋になると，コオロギが成虫になり，草むらで鳴きはじめます。
(4)セミは，夏になると成虫になり，木の幹にとまって鳴きます。
(5)たけのこは春になると，土から芽を出します。
(6)秋になると，どんぐりやまつぼっくりを木の下などで拾うことができます。

ポイント
身の回りのようすから，季節の変化を感じとり，自然に親しむことが大切です。日常の生活の中で，生き物のようすなど，さまざまな変化に気づかせましょう。

上級レベル 62 あきが　きたよ
生活⑭

解答

1 (1)イチョウ
(2)カエデ

2 れい あきは　はっぱが　赤く　なって　いる。／あきは　はっぱや　木のみが　おちて　いる。など

3 (1)ウ　(2)エ
(3)イ　(4)ア

指導の手引き

1 秋になると色が変わる葉っぱの名まえを学びましょう。おもにイチョウの葉は黄色，カエデやサクラの葉は赤色に変化します。

ポイント
このような木の葉をどこで見たのか，春や夏はどうだったのかを聞いてみましょう。見つけた場所や，季節の変化に気づくことが大切です。

2 公園や学校のまわりで見ることができる木や草花などの変化などから，春と秋のちがいが考えられるとよいでしょう。春と秋だけでなく，夏と秋のちがいも聞いてみるとよいでしょう。

3 音を聞いたり，落ち葉や木の実などをさわったりして，秋のおとずれを感じさせましょう。実際に，学校や帰り道で，どのような変化を感じたか，何を見つけたかなどを聞いてみましょう。

ポイント
実際に体験することで，自然を積極的に楽しませましょう。季節によるさまざまな自然の変化を実感することで，自然の素晴らしさやおもしろさに気づくことができます。

標準レベル 63 あきの　おもちゃ
生活⑮

解答

❶ (1)△　(2)○
(3)○　(4)△

❷ (1)ウ　(2)ア　(3)エ
(4)イ　(5)ウ　(6)ア

指導の手引き

❶ (1)学校や公園に植えられている木の枝を勝手に折らないように指導しましょう。
(4)花だんに植えられている花や草は勝手に摘んではいけないことを教えましょう。公園では，注意の書いてある看板をよく読むように指導しましょう。

ポイント
落ち葉や木の実など，さまざまなものが，おもちゃとして利用できることに気づかせましょう。遊びを通して，自然のめぐみを感じさせましょう。

❷ (1)まつぼっくりと紙コップを使って，けんだまが作れます。
(2)どんぐりとつまようじを使って，こまが作れます。
(3)さまざまな落ち葉を工夫して，お面を作ることができます。
(4)オナモミには，とげがあり，衣服などにくっつくので「くっつきムシ」とも呼ばれます。
(5)まつぼっくりにひもを通して，ネックレスにして遊べます。
(6)つなげた紙コップの中にどんぐりをいれて，マラカスとして遊べます。

注意 自然のめぐみを使って，さまざまな遊びができます。自分で工夫して遊ぶおもしろさを実感させましょう。

上級レベル 64 あきの　おもちゃ

生活⑯

解答

1 (1)まつぼっくり／かみコップ／たこいと　など
(2)どんぐり／つまようじ　など
(3)どんぐり／かみコップ　など
(4)おちば　など

2 (1)はさみ／テープ　など
(2)きり／ボンド／かるこ　など

3 (2)，(3)

指導の手引き

1 絵を見て，何が使われているかを考えさせましょう。また，実際に作らせることで，おもちゃを作ることの楽しさや材料になる自然のおもしろさを感じさせましょう。

2 絵を見て，これらのおもちゃを作るにはどのような道具が必要になるかを考えさせましょう。また，それらの道具の正しい使い方を伝えましょう。

ポイント
身近な自然を使って，楽しくおもちゃを作るには，道具を正しく使って作ることが大切です。どのようなことをするには，どのような道具が必要か，一緒に考えてあげましょう。

3 (1)はさみやカッターナイフなどは，刃先を人に向けないように指導しましょう。
(2)ごみを分別する意識をもたせましょう。
(3)落ち葉や木の実が汚れていることもあります。終わったら手を洗うようにしましょう。

ポイント
おもちゃを作る中で，はさみやのりなど，道具の正しい使い方も教えましょう。作り終わったあとの片付けをすることも大切だと気づかせましょう。

標準レベル 65 ふゆを　たのしもう

生活⑰

解答

1 (1)ウ　(2)エ
(3)イ　(4)ア

2 (1)○　(2)△　(3)○
(4)○　(5)△　(6)○

指導の手引き

1 (1)スキーは，雪が積もっている場所でする遊びです。
(2)こままわしは，お正月によく遊ばれる遊びです。こまにひもをかけて回します。
(3)スケートぐつをはいて，氷の上をすべる遊びです。
(4)たこあげは，風を利用した遊びです。お正月などによく遊ばれます。

注意　スキーやスケートで遊ぶときは，転んだり，怪我をしたりしないように，大人と一緒に遊ぶように教えましょう。

2 (1)雪だるまを作って遊んでいるようすです。冬になると，気温が低くなり，雪が降ることがあります。実際に雪をさわって，どのように感じたかを聞いてみましょう。
(2)サクラの花が咲くのは，春です。
(3)気温が低くなることによって，水がこおることがあります。
(4)雪合戦をして遊んでいるようすです。
(5)プールで遊ぶのは，おもに夏です。
(6)ソリすべりで遊んでいるようすです。

ポイント
雪や氷で遊ぶことで，冬とほかの季節とのちがいを気づかせましょう。実際に雪や氷に触れて感じることで，自然の不思議さを実感することができます。

上級レベル 66 ふゆを　たのしもう

生活⑱

解答

1 (1)○　(2)△
(3)○　(4)△

2 (1)おしくらまんじゅう
(2)ゆきがっせん
(3)ソリすべり
(4)かるた

3 (1)○　(2)△

指導の手引き

1 雪や氷を使って，さまざまな遊びができます。雪や氷ができたときのようすや，とけたときのようすなどを聞いてみましょう。

2 (1)気温が低く，寒い日には，おしくらまんじゅうをして，クラスの友達と体を温めるとよいでしょう。
(2)さまざまなルールを作り，工夫して遊びましょう。
(3)地域によって，ソリすべりをできないかもしれませんが，このような遊びがあることを，伝えましょう。
(4)お正月によくする遊びについても，考えるとよいでしょう。

注意　地域によっては，異なる呼び方をする場合を配慮し，どのように遊ぶのか，どのようなルールがあるのかなどを教えてあげましょう。

3 ミノムシは，おもに冬に多く見られます。カブトムシは夏によく見られます。

ポイント
自然を観察し，季節の遊びを楽しむことで，四季の変化に気づかせましょう。季節と自分たちの生活との関わりに気づき，生活を楽しむ心を育てます。

標準レベル 67　みんなで　あそぼう

生活⑲

解答

1 (1)なつ
(2)ふゆ
(3)あき

2 れい かくれんぼ／おにごっこ／はないちもんめ　など

3 (1)エ　(2)ア
(3)ウ　(4)オ
(5)イ

指導の手引き

1 (1)スイカわりは，海水浴などに行ったときに，よく海辺で行われる遊びです。
(2)スケートは，おもに気温が下がる冬の遊びです。
(3)栗は，秋に収穫できます。

ポイント
季節の遊びについて，どのようなちがいがあるかを考えさせましょう。四季の変化に気づく手立てとなります。また，春にはどのような遊びができるかも考えるとよいでしょう。

2 運動場で，みんなで遊ぶことのできるものが書かれていればよいでしょう。学校の休み時間に，どのような遊びをしているのか聞いてみましょう。

3 昔から親しまれている遊びです。おじいさんやおばあさんから，さまざまな遊びを教わりましょう。

ポイント
遊びを通して，おじいさんやおばあさんなど身近な人との関わりを深めることが大切です。どのような遊びを教わったかを聞き，一緒に遊んであげましょう。

上級レベル 68　みんなで　あそぼう

生活⑳

解答

1 (1)ア・エ
(2)イ・ウ

2 (1)ウ　(2)イ

3 おはじき・かるた・あやとり
ふくわらい・トランプ

指導の手引き

1 (1)すべり台などの遊具を使って遊ぶときは，ルールやマナーを守って，安全に遊ぶように指導しましょう。
(2)工作をして遊ぶときは，後片付けの大切さも教えましょう。

2 (1)冬の寒い日などに，お互いに押し合って温まることができます。
(2)鬼は目隠しして中央に座り，そのまわりを輪になって歌いながら回ります。歌い終わった後に，鬼の真後ろにいる人を当てる遊びです。

注意　地域によって，掛け声や歌が異なる場合を配慮し，どのような遊びなのかを教えてあげましょう。

3 はねつきや，たこあげ，なわとびは部屋の中ではなく，広場や河原など広い場所で行うように指導しましょう。また，遊んだあとの片付けも自ら進んでできることの大切さに気づかせましょう。

ポイント
学校ではどのような遊びをしているのか聞いてみましょう。晴れているときや雨が降っているときの遊びをそれぞれ工夫していることに気づかせましょう。

69　最上級レベル 1

生活㉑

解答

1 (1)はる　(2)あき
(3)なつ　(4)ふゆ

2 (1)①なつ　②はる
③ふゆ　④あき
(2) れい ふゆには　木のはが　おちて　なくなる。など

指導の手引き

1 (1)かしわもちは，子どもの日などによく食べられるおかしです。
(2)カキは秋に実る果物です。
(3)スイカは，夏によく食べられます。
(4)おぞうには，お正月によく食べられます。家庭により材料がちがうので，友達にどのようなおぞうにを食べたのか聞いてみるよう教えましょう。

ポイント
身の回りのようすから，季節の変化を感じとり，自然に親しむことが大切です。食べ物の変化から，季節を判断させましょう。

2 (1)サクラの木は，春に花が咲き，夏には葉が茂ります。秋になると，葉は色づいて地面に落ち，冬木立に変わります。四季の変化を，１年間を通してふり返り，季節の移り変わりを感じることが大切です。
(2)サクラの木の絵から冬と春のちがいを考えさせましょう。花や葉のようすなどに着目するとよいでしょう。

ポイント
冬が終わると，また春が来ることを気づかせましょう。サクラとともに，自分の成長もふり返らせるとよいでしょう。

70 最上級レベル 2

生活㉒

解答

1 (1)イ

(2)7(月)25(日)

(3) れい 上の　ほうが　大きく　のびる。／ねもとの　ほうは　あまり　のびない。など

指導の手引き

1 (1)ヒマワリの種は，しま模様になっていることが特徴です。

アはアサガオの種，ウはタンポポの種(綿毛)，エはマリーゴールドの種です。

ポイント

植物を育てたり，観察したりするときは，ほかの種とどのようにちがうのか，どのような花が咲くのかなどを考えさせましょう。

(2)ヒマワリの高さを，表から読み取りましょう。もっとも高くなったのは，花が咲いた 7/25 の 160cm です。ヒマワリの成長を考えるとともに，表を正しく読みとることが大切です。

(3)ヒマワリがどのように変化したかを考えさせましょう。さちこさんがつけたしるしに着目するとよいでしょう。ヒマワリはつぼみの近くのくきから，太陽の光を求めて伸びていきます。

植物の成長の仕方を考えることで，自然の不思議や尊さに気づくことができます。

ポイント

植物の日々の成長や変化を観察し，考えることで命の大切さを感じることができます。命の尊さに気づかせ，自立する気持ちをつちかいましょう。

71 最上級レベル 3

生活㉓

解答

1 (1)コオロギ

(2)ダンゴムシ

(3)テントウムシ

(4)カタツムリ

2 (1)ミノムシ

(2)ふゆ

(3)木のは／木の　えだ　など

3 (1) れい こおりが　はっていた。など

(2) れい きおんが　下がったから。／ゆきが　ふったから。など

指導の手引き

1 (1)コオロギは，秋に草むらで鳴いているのが見られます。

(2)ダンゴムシは，暗く湿った場所を好みます。

(3)テントウムシは，春になると，すがたを見ることができます。冬の間は石やかれはの下などでじっとしています。

(4)カタツムリは雨の日によく見られます。どのような場所で，どのような季節に見かけたかをふり返らせるとよいでしょう。

2 ミノムシは，まわりにあるものを集めて巣を作り，鳥などから身を守ります。どのようなミノムシを見たかを聞いてみましょう。

3 (2)冬は，ほかの季節と比べて気温が低く，寒くなることが書けていればよいでしょう。

ポイント

生き物の特性や季節の変化を通して，自然のおもしろさや不思議さに気づかせましょう。自ら自然に関わる態度を養うことにつながります。

72 最上級レベル 4

生活㉔

解答

1 おはよう　ございます。

2 (1)しょくいんしつ

(2)りかしつ

3 れい ドッジボール／サッカー　など

4 (1)エ

(2) れい みちに　ひろがって　あるかない。など

指導の手引き

1 先生や大人の人に対して，丁寧な話し方をするように教えましょう。友達と先生のちがいを意識させるようにしましょう。

2 (1)職員室では，多くの先生が仕事をしています。中に入るときは，どのようなことに気をつけるか聞いてみましょう。

(2)理科室や音楽室など，学校にある部屋と場所を確認させましょう。

ポイント

2年生になるにあたり，新しい1年生に，どのような場所を案内したいか考えさせましょう。学校や身の回りへの愛着をもつ心をつちかう手立てになります。

3 ボールを使ってみんなでできる遊びを考えさせましょう。新しい遊びを考えさせ，豊かな発想力を養うことも大切です。どこで遊ぶのか，どのようなルールで遊ぶのかを聞いてみましょう。

4 道に広がって歩くと，周りの人に迷惑をかけることを教えましょう。通学路では，ルールを守って，安全に帰ることが大切です。

標準レベル 73 ひらがな
国語①

解答

❶

な	た	さ	か	あ
に	ち	し	き	い
ぬ	つ	す	く	う
ね	て	せ	け	え
の	と	そ	こ	お

❷

わ	ら	や	ま	は
い	り	い	み	ひ
う	る	ゆ	む	ふ
え	れ	え	め	へ
を	ろ	よ	も	ほ

❸ ①(さ)か(な)　②(く)る(ま)
③(みか)ん　④た(たみ)

❹ **(じゅんに)**て・ん・も・き

指導の手引き

❶・❷　ひらがなの学習において，五十音図は基本となるものです。どのような順序で問われても，正確に答えられるようにしておく必要があります。

❸　ひらがなを用いて，身近なものを表す言葉を書く練習をします。まず，自分のそばにあって，ふだん見慣れているものから始めて，次第により高度な言葉へと進むのがよいでしょう。最後には，抽象的な内容を表す言葉が書けるようになるとよいでしょう。

❹　ひらがなを用いて，短い文や文章を書く練習をします。今日あったことや，今思っていることを，簡単に表すことから始めましょう。

上級レベル 74 ひらがな
国語②

解答

1

ぱ	ば	だ	ざ	が
ぴ	び	ぢ	じ	ぎ
ぷ	ぶ	づ	ず	ぐ
ぺ	べ	で	ぜ	げ
ぽ	ぼ	ど	ぞ	ご

2 ①(か)ぎ　②(す)ず　③(えん)ぴ(つ)
④(せん)ぷ(うき)

3 **(じゅんに)**①だ・で　②ば・び　③ぽぽ・が
④ぼ・が

指導の手引き

1　濁音と半濁音の五十音図を正確に書けるようにします。覚えにくいものは，何度も声に出して練習すると，書けるようになるでしょう。濁音は「が」「ざ」「だ」「ば」の四行で，半濁音は「ぱ」行のみにあります。

2　濁音や半濁音が混ざっている言葉を，「゛」や「゜」をつけるのを忘れずに書けるようにしましょう。また，ここで取り上げた言葉以外には，どんな言葉があるのか考えながら書くとよいでしょう。身の回りのものから見つけたり，本などで探したりするようにしましょう。

3　絵を見て，濁音や半濁音が使われている言葉がある，短い文章を書きます。絵をよく見ないと，思わぬ誤りをするので，注意しながら書くようにしましょう。また，これらの文以外にも，濁音や半濁音を用いる言葉が入っている文や文章を，自分で考えて書いてみるのもいいでしょう。

ポイント
五十音図は清音・濁音・半濁音とも正しく身につけさせましょう。

標準レベル 75 ちいさい　じの　ある　ことば
国語③

解答

❶ ①ゃ　②ゅ　③ょ　④ゃ　⑤ゅ　⑥ょ
⑦ゅ　⑧ゃ

❷ **(じゅんに)**①よ・や・つ　②よ・よ

❸ ①しゅうじを　ならって，じが　じょうずになりました。
②ひゃっかてんで　じしょを　かいました。
③おしょうがつに　なったら，おもちを　たくさん　たべましょう。

指導の手引き

❶　拗音を含んでいる言葉を，ひらがなで書きます。子どもが文や文章を書く場合，拗音はミスをおかしやすいものです。子どもは，小さな文字や記号を正確に書くのが苦手である場合が多いですから，よく注意して指導しましょう。

❷　拗音や促音を○で囲んだ後は，正しい文字で書き直しましょう。また，拗音を用いた言葉や，文，あるいは文章を書くようにしてみるとよいでしょう。子どもは，拗音や促音で書くべきところを，大きな字で書いてしまうようなミスをおかしやすいので，注意して見ておきましょう。

❸　拗音や促音の表記の誤りに注意しながら，短い文を，ていねいに写します。文を写す場合，拗音や促音はもちろん，いろいろな文字や，文末に打つ句点などを間違って書かないように，十分注意してください。また，文字を書くときには，一字ずつていねいに書く習慣を身につけさせましょう。

上級レベル 76 ちいさい じの ある ことば
国語④

解答

1 ①ゅ ②ゃ ③ゅ ④ょ ⑤ょ
2 ①ぎょろぎょろ ②ひょろひょろ
③しゅんしゅん ④ぴょんぴょん
3 (じゅんに)①ゃ ②ょ・ゃ ③ゅ・ょ

指導の手引き

1 拗音を含む言葉のうち，比較的難しいものを書く練習をします。少し長めの言葉や，拗音が二つあるような言葉は，子どもたちが苦手とする場合が多いので，誤って書かないように注意してあげてください。

2 拗音はよく，様子を表す言葉に用いられます。ここでは，特になじみやすく，音が面白い言葉を集めてあります。それぞれの言葉がどのような様子を表すものかを考えながら，正確に書いてみましょう。「ひょろひょろ」は，細いものが長くある様子を表します。「しゅんしゅん」は，お湯などが熱く沸騰する時の様子を表します。「ぴょんぴょん」は，カエルなどが跳ぶ時の様子を表します。「ぎょろぎょろ」は，大きな目を開いて，よく見ようとする様子を表します。

3 文章の意味をよく理解しないと，答えづらい問題です。少し長い文章になっているので，読みづらいかもしれませんが，注意深く文章を読む練習をさせてください。前後の言葉を頼りに答えを導くようにしましょう。

標準レベル 77 のばす おんの ある ことば
国語⑤

解答

1 ①う ②い ③い ④お ⑤う
2 ①え ②お ③う
④(二つ目の)お ⑤お
3 ①お ②う ③う ④お ⑤う ⑥う

指導の手引き

1 長音を含む，かなづかいに注意して書きましょう。①「おうさま」は「おう」と「さま」が合わさってできた言葉です。「おおさま」と書いてしまわないように注意します。②「とけい」は「とけえ」と書かないように注意します。③「せんせい」は「せんせえ」と書かないように注意します。④「こおり」は「こうり」と書かないように注意します。⑤「てつぼう」は「てつぼお」と書かないように注意します。

2 ①「けいさつ」，②「いもうと」，③「とおせんぼ」，④「おぼうさん」，⑤「どうろ」と書くのが正しいかなづかいです。子どもは，言葉を書く場合，自分が発音する通りに書きたがるものなので，「う」と「お」の判断や，「え」と「い」の判断などがつきにくいものです。身近な言葉でたくさん練習させましょう。

3 ①は「おうあめ」，②は「がっしょお」，③は「そおじ」，④は「こうろぎ」，⑤は「おべんとお」，⑥は「こおじ」と書いてしまわないように注意します。

ポイント
長音を含むかなづかいは，何度も書いて身につけさせましょう。

上級レベル 78 のばす おんの ある ことば
国語⑥

解答

1 ①とうふ ②すいとう ③おおかみ
④おとうさん ⑤おねえさん
⑥ほうせんか ⑦きょうしつ
⑧おおだいこ
2 ①とおくの くにへ いって みたいです。
②ひこうきに のって がいこくへ りょこうしたいです。
③わたしは けいさんが にがてです。
3 じゅう

指導の手引き

1 長音は，書かれている文字と，発音するときの音が一致しないものが多いので，読むときも書くときも注意が必要です。正しく理解するためには，かなづかいを決まりとして覚えるのではなく，長音を使ったいろいろな言葉に多く触れさせるほうがよいでしょう。

2 間違っている言葉を見つけて直せるのはもちろん大切ですが，正しく書かれている文字を誤って書き写さないかどうかにも，注意してあげてください。意味のわからない言葉がある子どもには，意味や使い方を教えてください。

3 「十」をひらがなで書きます。「じゆう」や「じう」と書いたりしないように，注意してください。

標準レベル 79 「は」「を」「へ」の　つかいかた
国語⑦

解答

❶ ①は　②を　③へ　④を　⑤へ　⑥は

❷ (○を　つける　もの)①右　②左　③右

❸ ①ここには　ごみを　おかないで　ください。
②なつに　なると　おじさんの　いえへ　いきます。
③かぜを　ひいて，おいしゃさまに　かかりました。
④こうえんへ　いったら，そこには　だれも　いませんでした。

指導の手引き

❶ 普通，「は」は主語を，「を」は対象物を，「へ」は方向や帰着点を表します。①は主語，②は対象物，③は帰着点，④は対象物，⑤は帰着点，⑥は主語を表しています。子どもが，そのような用語からではなく，文を読んだときに，自然とあてはまる言葉が思い浮かぶように，いろいろな文に親しむようにしましょう。

❷ 「は」，「を」，「へ」を書こうとする場合，子どもたちはよく，かなづかいを誤ります。自分の発音の音にまどわされることなく，書き言葉における助詞の表現に慣れるようにしてください。

❸ ①「わ」→「は」，「お」→「を」，「を」→「お」。
②「を」→「お」，「え」→「へ」。
③「お」→「を」，「を」→「お」。
④「え」→「へ」，「わ」→「は」。

上級レベル 80 「は」「を」「へ」の　つかいかた
国語⑧

解答

1 (じゅんに)①を・は　②は・を　③を・へ　④へ・は

2 おとうと(わ)　いつも　ひとりで(わ)　ごはん　(お)　たべられません。

3 (○を　つける　もの)①中　②右　③中　④左

指導の手引き

1 ①「ほん」は対象物，「わたし」は主語を表します。②「おやどり」は主語，「たまご」は対象物を表します。③「おもちゃ」は対象物，「みせ」は目標となる場所を表します。④「やま」は帰着点を表し，「そこまで」で主語をつくります。かなづかいを誤らないように注意しながら，ていねいに書かせましょう。

2 正しくは，「おとうとは　いつも　ひとりでは　ごはんを　たべられません。」となります。

3 正しくないものに含まれているかなづかいの誤りを，注意して探させましょう。

> **注意** 文の中で用いるときにかなづかいをまちがえやすいので，気をつけましょう。

標準レベル 81 まると　てん，「　」の　つかいかた
国語⑨

解答

❶ ①あさから　たくさん　あめが　ふりました。
②さあ，はやく　おきて　かおを　あらいなさい。
③さむかったので，こたつに　はいりました。
④きょうは　どこへ　いきましょうか。

❷ ①かぜを　ひきました。だから、はやく　ねました。
②いそいで　いたので、はしって　かえりました。
③わたしの　いえは、とおくは　ありません。
④ほんを　よみますか。それとも、えを　かきますか。
⑤おにいちゃんが　わたしを　よんで　いるので、なんだろうと　おもいながら　いきました。

❸ れんしゅうして、なりませんが、

❹ ①を×　②きて×　③いそいで×
④じょうろに×

指導の手引き

❶ 句点は文末に打ちましょう。

❷・❸ 意味が大きく分かれるところに読点を打ちましょう。

❹ 意味が分かれていないのに読点が打たれている部分をさがします。読点を誤って打つと，読みづらい文になることを理解させましょう。

上級レベル 82 まるとてん,「」の つかいかた

国語⑩

解答

1 ①× ②× ③○

2 おつかいなので、 ・あかるくて、

3 ①ぼくは ねながら、ほんを よむ おとうとを よびました。
ぼくは、ねながら ほんを よむ おとうとを よびました。
②いもうとは、ほんを よんでから あそぶ ぼくを みて いた。
いもうとは ほんを よんでから、あそぶ ぼくを みて いた。

指導の手引き

1 ①・②かぎかっこでくくるべき言葉を，正確にくくっていません。③「もうすぐ なつやすみだね」という言葉をかぎかっこでくくっています。かぎかっこの中の言葉だけで，せりふとして完結しており，過不足もないので，正しい使い方です。

2 意味が大きく分かれるところに読点を打ちましょう。

3 句点を打つ場所を変えるだけで，言葉の修飾関係が変わって，まったく違った意味になる場合があります。句点を適切に打つことの大切さを理解させましょう。

標準レベル 83 かたかな (1)

国語⑪

解答

1 ①ハンカチ ②ライオン ③クレヨン
④アイロン ⑤ホワイト ⑥ネクタイ
⑦コスモス

2 ①クーラー ②フルーツ ③シーソー
④マフラー ⑤クリーム ⑥コーヒー

3 ①ザーザー(ザアザア) ②ペンギン
③オルガン ④ゴリラ ⑤ゲーム
⑥ギター

指導の手引き

1 濁音や長音がない言葉を，かたかなで書く練習をします。ひらがなの五十音図を，すべてかたかなで書けるように十分練習してから，この問題のように実際の言葉を書いて学習するとよいでしょう。子どもによっては，どうしても覚えづらいかたかながいくつかある場合もあります。こうした場合には，その字を何度も書かせて練習させましょう。

2 長音が含まれた言葉をひらがなで書く場合は，表記は「あ」「い」「う」「え」「お」のいずれかになりますが，かたかなで書く場合には，表記はすべて「ー」になります。長音を含む言葉をかたかなで書く練習をしておきましょう。

3 濁音および長音が含まれた言葉をかたかなで書きます。

ポイント
五十音図を頭に入れておくことで，今後の学習が非常にスムーズになります。

上級レベル 84 かたかな (1)

国語⑫

解答

1 ①スプーン・プリン
②マスト・ヨット
③パパ・ママ
④カメラ・レンズ
⑤ピンク・ランドセル

2 ①デパート・ポスト
②ガラス・ビュービュー(ビュウビュウ)
③クリスマス・サンタクロース

3 コーヒイ・カツフ・ジュス

指導の手引き

1 かたかなで表記される言葉は，外国から入ってきたものが多いということを理解させましょう。また，濁音や半濁音を，かたかなでも正確に書けるように練習させます。ひらがなと同様に，かたかなでも半濁音があるのは「パ」行だけです。

2 外国から入ってきたものや，音を表す言葉には，かたかなで書くものが多いことにふれてもよいでしょう。②の「びゅーびゅー」は，ひらがなでも書けますが，かたかなで書くと，より風の音や様子をイメージしやすくなります。

3 かたかなを書くときに，子どもが誤って書きそうな言葉が三つあります。発音通りに書くのが原則であることを教えましょう。

注意 かたかなで書くときに長音を正しく表記できるよう注意して指導しましょう。

標準レベル 85 かたかな (2)

国語⑬

解答

❶ ①リュック　②シャボン　③キャベツ
④チョーク　⑤ソックス　⑥クッキー
⑦ラケット　⑧チャック

❷ ①あんないセンター
②けんきゅうノート
③さんすうドリル
④かんじクイズ
⑤でんきストーブ

❸ ①シャツ・サンダル
②ピアノ・ホール

指導の手引き

❶ 拗音，促音，濁音，長音を含む言葉をかたかなで書きます。拗音，促音，濁音，長音のいずれかが特に苦手であるという子どもがいるかもしれません。苦手意識がなくなるまで，いろいろと書かせて，練習を重ねてください。

❷ ひらがなとかたかなが混在する言葉を正しく書くことは，とても難しいことです。どのような言葉にカタカナを使うのか，確認しながら取り組ませましょう。

❸ 洋服に関係した言葉や，音楽に関係した言葉などを書くことで，かたかなを多用する分野があることを理解させます。他には，スポーツや食べ物などでも，かたかなが多く用いられます。これらの分野から，いくつか言葉を探して，書かせてみてください。

上級レベル 86 かたかな (2)

国語⑭

解答

1 ①ドッジボール　②チューリップ
③トマトケチャップ
④スパゲッティ
⑤コンピュータ

2 ①ゴロゴロ　②チリンチリン
③ドン　④ピヨピヨ

3 ①パソコン・インターネット
②スイミングスクール・レストラン

指導の手引き

1 やや長めの言葉をかたかなで書いてみましょう。拗音や促音，長音も含まれているので，十分に注意して書かせましょう。

2 音や様子を表す修飾語には，かたかなを用いて表す言葉が多いことを理解します。①～④のいずれの修飾語も，ひらがなで書いても用いることができるものです。①，②，③の修飾語には，いずれも「と」が含まれていますが，「と」までかたかなで書いてしまわないように，注意しましょう。

3 かたかなで書くやや長い言葉を含んだ文です。どの言葉がかたかなで書くべきものかを正しく判断し，正確に表現できるようになりましょう。

ポイント
外国から入ってきた言葉や，音や様子を表す言葉には，かたかなで書くものが多くあります。

標準レベル 87 まとめて　いう　ことば

国語⑮

解答

❶ ①くるま　②スコップ　③がっこう
❷ ①おんがく　②はきもの
❸ ①ウ　②エ　③オ　④ア
❹ れい ①タクシー・でんしゃ・バス
②テレビ・れいぞうこ・せんたくき

指導の手引き

❶ 「なかまにならないもの」を選ぶということに注意します。①は動物の仲間であるのに，「くるま」が入っています。②は洋服の仲間であるのに「スコップ」が入っています。③は科目の仲間なのに「がっこう」が入っています。特に③は難しいですが，「科目」という分類に気付かせてあげてください。

❷ ①は音楽に関係する言葉を集めてあります。「おんがく」は，仲間をまとめる言葉です。②は履物に関係する言葉を集めてあります。「はきもの」は，仲間をまとめる言葉です。

❸ それぞれのグループに並べられている言葉がどのようなものであるか，考えさせてください。また，それぞれの仲間について，他にどのようなものがあるかを考えさせましょう。

❹ 子どもにとって，身近なものの中から考えましょう。

ポイント
仲間になる言葉は，上位語，下位語という名前で区別されることをふまえ，イメージさせます。

上級レベル 88 まとめて　いう　ことば
国語⑯

解答

1 ①カ　②ア　③ウ

2 ①はな(しょくぶつ)　②くに(こくめい)

3 (○を　つける　もの)①どうぶつ　②のりもの　③さかな　④しょくぶつ

指導の手引き

1 それぞれのグループがどのような分類になっているかを考えさせてください。また，それぞれのグループにあてはまる言葉が他にないか，話し合ってみるのも，よい練習になります。

2 どのような分類の言葉が並べられているかを確認し，まとめて言うとどんな言葉になるか，考えさせてください。子どもがわからない場合には，あてはまる例をさらに教えてあげて，ヒントにするとよいでしょう。

3 ①は，「どうぶつ」が上位語，「うし」「ねずみ」「とり」が下位語です。②は，「のりもの」が上位語，「でんしゃ」「バス」「じてんしゃ」が下位語です。③は，「さかな」が上位語，「めだか」「さんま」「いわし」が下位語です。④は，「しょくぶつ」が上位語，「さくら」「ひまわり」「いちょう」が下位語です。

ポイント
上位語・下位語は，「まとめていう言葉」「くわしく分ける言葉」ととらえましょう。この考え方は，文章読解にも役立ちます。

標準レベル 89 いろいろな　ことば (1)
国語⑰

解答

1 ①とぶ　②なげる　③のる　④あらう

2 ①くるくる　②ぐらぐら　③ぶるぶる　④じろじろ

3 ①さんびき　②にほん　③さんさつ　④ごだい　⑤よんまい　⑥ろくにん

4 ①さかな　②やさい

指導の手引き

1 絵を見て，動作を表す言葉を書き表す問題です。

2 様子を表す言葉(擬態語)を集めてあります。これらはひらがなで書くのが基本です。

3 数をかぞえる言葉には，一定のルールがあります。かぞえる物の種類にしたがって，かぞえる言葉も決まってくるので，正しく理解させましょう。①動物は「とう」や「ひき」，②ペンやえんぴつは「ほん」，③本は「さつ」，④車は「だい」，⑤絵は「まい」，⑥人は「にん」を用いてかぞえます。

4 まとめていう言葉である上位語を元に，なかまの言葉をいくつも探してみましょう。また，上位語にあたる言葉には他にどんなものがあるか考えてみてもよいでしょう。

上級レベル 90 いろいろな　ことば (1)
国語⑱

解答

1 ①おりる　②あおぐ　③のぞく　④きらす　⑤あつめる

2
①きらきら・　・およぐ
②すいすい・　・くれる
③もぐもぐ・　・ひかる
④にっこり・　・たべる
⑤とっぷり・　・わらう

3 (じゅんに)①ろくわ・いちだい　②よんかい・ふたむね　③にそう・ひゃっぴき　④さんばい・じゅうまい　⑤にきょく・さんにん

指導の手引き

1 文によくあてはまる動詞を選びます。文の意味を正しく理解しなければ解けませんので，注意して読ませてください。

2 様子や音を表す言葉を用いるには，一定のルールがあります。それぞれの言葉にはふさわしい修飾語があることを，理解させましょう。

3 それぞれが何をかぞえているかを読み取って，そのものにふさわしい言葉が用いられているものを選びます。子どもがかぞえ方を知らなかったものについては，確認しておいてください。

ポイント
語彙力が豊富であるほど，文章の内容を理解しやすくなります。いろいろな種類の言葉を身につけることが大切です。

標準レベル 91 いろいろな　ことば (2)

国語⑲

解答

❶ ①のりもの　②いふく(ふく，ようふく)
③き(しょくぶつ)
④しょっき

❷ ①きく　②かける　③おとす

❸ ①おもい　②あかい　③たかい
④かるい　⑤ふかい

❹ (○を　つける　もの)１番目と３番目

指導の手引き

❶ それぞれの具体例をまとめる仲間の言葉を考えます。こうした言葉を上位語といいます。このような問題では，上位語から具体例である下位語を考えさせるものもあります。

❷ 言葉は，状況に応じてさまざまに使い分けをします。ここでは，動きを表す言葉の使い分けを練習します。

❸ 本来は関係のないものどうしを結びつける表現方法を比喩(たとえ)といいます。それぞれのものがもつ性質をよく考えて，選ばせてください。

❹ 同じ言葉であっても，その言葉を使うことができる場合と，できない場合があります。ここでは「ひらく」という言葉に着目し，文意を考え，あてはまる場合はどれなのか判断します。

上級レベル 92 いろいろな　ことば (2)

国語⑳

解答

1 ①よむ　②みる
③よぶ　④あるく

2 くる(きた)

3 ①なやむ　②わすれる　③あるく
④のこる

4 ①ウ　②ア　③エ　④イ

指導の手引き

1 絵が表している動作を考え，その動作を言い表す言葉を考えます。こうした練習をくり返すことで，少しずつ言葉の力を高めていくことができます。

2 複数の文を読んで，□に共通してあてはまる言葉を考えます。いろいろな言葉をあれこれと□にあてはめながら，すべての文意が通るものを答えます。ここでの「来る」は，「ある時間・時期になる」という意味です。

3 それぞれの様子を表す言葉にみあう言葉を選びます。このような問題は，読解問題の中でもよく出題されますので，しっかり練習しておきましょう。

4 様子を表す言葉から受ける印象を確かめる問題です。これら以外にも，どのような言葉があるか確かめてみてください。

ポイント
様子を表す言葉も修飾語の一つです。

標準レベル 93 かん字の　よみ (1)

国語㉑

解答

❶ ①た　②した　③き　④きゅう　⑤かね
⑥つき　⑦いと　⑧のぼ　⑨い　⑩くさ
⑪おとこ

❷ ①貝・　・みみ
②耳・　・かわ
③川・　・ゆう
④夕・　・かい

❸ ①あし・て　②みず・ひ　③おお・むし
④おんな・こ　⑤もり・はい

指導の手引き

❶・❷ 小学１年生が習う漢字は全部で80字です。それらの漢字については，何度も練習を重ねて，必ず正確に読み書きできるようにしておかなければなりません。正しく読めるということは，正しく書けるための基本になります。知らない漢字がなくなるまで，根気づよく練習させてください。

❸ 実際の文の中で漢字を読む練習をします。前後の意味のつながりに注意しながら，正しく読めるように指導してください。

上級レベル 94 かん字の　よみ (1)

国語㉒

解答

1 ①やす　②くち　③て　④みず　⑤さき

2 ①ほんき　②くさばな　③つきひ　④おおぞら

3 ①たけ・ちく　②おとこ・だん　③しろ・はく　④はや・そう　⑤くるま・しゃ　⑥てん・あま　⑦あお・せい　⑧あま・あめ　⑨で・だ　⑩あか・せき　⑪き・け

指導の手引き

1 小学校で習う読み方は，①「きゅう」「やす(む)」「やす(まる)」「やす(める)」，②「こう」「く」「くち」，③「しゅ」「て」，④「すい」「みず」，⑤「せん」「さき」です。習ったものから順番に覚えていきましょう。

2 ②「そうか」とは読みません。③「げっぴ」ではありません。

3 小学1年生でも馴染みがある言葉を集めてありますが，自分でも，これらの漢字を用いた言葉にはどんなものがあるか，考えさせるとよいでしょう。

ポイント

2つ以上の読み方がある漢字を新しく覚えるときには，すべてを覚えるようにしましょう。

標準レベル 95 かん字の　よみ (2)

国語㉓

解答

❶ ①くるま　②あお　③まち　④あめ　⑤め　⑥た　⑦た　⑧ゆう　⑨おん　⑩ひ

❷ ①がっこう　②しんりん　③だんし　④せんせい

❸ ①ひと(つ)　②ふた(つ)　③みっ(つ)　④よっ(つ)　⑤いつ(つ)　⑥むっ(つ)　⑦なな(つ)　⑧やっ(つ)　⑨ここの(つ)　⑩とおか

❹ ①しろ・はく・しら　②で・だ・しゅっ

指導の手引き

❶ 一字の漢字を読む練習をします。⑨以外はすべて訓読みです。読めなかったものは何度も練習して，確実に読めるようにしておいてください。他には次のような読み方もあります。①しゃ，②せい・あお(い)，③ちょう，④う・あま，⑤もく，⑥りつ・た(てる)，⑦そく・あし・た(りる)・た(る)，⑨おと・ね，⑩か

❷ 二字の熟語の読み方を練習します。正しく読めない場合は，声に出しながら何度も練習しましょう。

❸ 漢数字には，「～つ」という送りがなをもつ読み方がある場合が多いですが「十」にはありません。こういった違いに気付かせることも大切です。

❹ 二つ以上の読みをもつ漢字です。こうした漢字は小学1年配当漢字にも多くあります。

上級レベル 96 かん字の　よみ (2)

国語㉔

解答

1 ①めだま　②あ　③うえ　④だい　⑤なか　⑥まち

2 ①すい・みず　②くさ・そう　③とし・ねん　④りょく・ちから

3 ①みみ・あか　②めいげつ　③かい・いと　④おうじょ・う　⑤かわ・むし　⑥むら・た　⑦つち・たけ　⑧てんき　⑨じ・み　⑩さゆう

指導の手引き

1 小学校で習う読み方は，①「目」は「もく」「め」，「玉」は「ぎょく」「たま」，②は「くう」「そら」「あ(く)」「あ(ける)」「から」，③は「じょう」「うえ」「うわ」「かみ」「あ(げる)」「あ(がる)」「のぼ(る)」，④は「だい」「たい」「おお」「おお(きい)」「おお(いに)」，⑤は「ちゅう」「じゅう」「なか」，⑥は「ちょう」「まち」です。

2・3 言葉の中や文の中で，正しい読み方を考える練習をします。

ポイント

漢字をきちんと覚えるには，くり返して練習することがいちばん大切です。

標準レベル 97 かん字の　かき (1)

国語㉕

解答

❶ ①男　②足　③林　④虫　⑤本
❷ ①名　②石　③草　④早　⑤円
❸ ①一　②二　③三　④四　⑤五
⑥六　⑦七　⑧八　⑨九　⑩十
❹ ①火花　②月日　③糸車　④学校　⑤千円

指導の手引き

❶ 漢字を書くときには，一画ずつ，ていねいに，正しく書くことを意識させることが大切です。漢字の字形を正しく書くのはもちろんですが，筆順やトメ，ハネに気をつけながら，正確に書けるようになりましょう。特に，テストにおいては，ハネるべきところをハネていないと，○にならないことが多いです。①は「力」のハネを忘れないこと。②～⑤は字形に注意してください。

❷ 漢字は，送りがなにも注意させましょう。漢字を書きながら，送りがなを確認するようにしてください。この問題では送りがなが示してありますが，それも含めて問われる場合もあります。①はハライに注意してください。⑤は平たくてまるいものを表すときには「円」を用います。

❸ 漢数字は簡単な字が多いですが，一画一画ていねいに書かせましょう。

❹ 二字の熟語を漢字で書きます。一つ一つの漢字は書けても，熟語になると書けない子どももいます。よく練習させてください。

上級レベル 98 かん字の　かき (1)

国語㉖

解答

❶ ①川　②出　③山　④正　⑤休　⑥水
❷ ①赤　②青　③金　④白　⑤水
❸ ①雨音　②左手　③夕立　④大空
⑤気力　⑥先生　⑦女王　⑧千年
⑨土木　⑩天文　⑪学校

指導の手引き

❶ 正しい字形で，筆順，トメやハネに注意しながら練習してください。ここでは，比較的画数の少ない漢字を集めています。筆順を意識して，ていねいに書かせてください。

❷ 小学１年で習う色を表す漢字を集めました。色は，ふだんよく使う言葉なので，日ごろから漢字で書くように習慣づけるとよいでしょう。漢字を覚えるいちばんの近道は，毎日の生活の中で，積極的に漢字を書くように心がけることです。ひらがなですませてしまわないで，習っている漢字は，よく使うように注意させてください。

❸ 二字の熟語を漢字で書きます。書けなかったものは何度もくり返し練習することが大切です。

標準レベル 99 かん字の　かき (2)

国語㉗

解答

❶ ①雨　②草　③石　④森　⑤花
❷ ①耳　②村　③貝　④玉　⑤町　⑥力
❸ ①木　②女　③小　④目　⑤白　⑥本気
⑦竹林　⑧水車　⑨学校　⑩青空　⑪立

指導の手引き

❶ ①三画目のハネに注意します。②くさかんむりのある漢字です。レベルは高くなりますが，くさかんむりは⑤の「花」のように，植物の仲間の漢字につくことをいっしょに覚えるのもよいでしょう。③筆順に注意します。④「木」が三つあると覚えます。⑤最後のハネに注意します。

❷ ①書き順に注意します。②右側のハネに注意します。③筆順に注意します。④最後の点を忘れないようにします。⑤⑥最後のハネに注意します。

❸ ①「本」にならないようにします。②筆順に注意します。③一画目のハネに注意します。⑥「気」のハネに注意します。⑦「竹」のハネに注意します。⑧「車」の筆順に注意します。⑨「学」の字形に注意します。⑩「空」の字形に注意します。

ポイント

漢字は形が書けていればいいというものではありません。筆順に気をつけて，トメ・ハネ・ハライも意識しながら，正しく，美しく書くようにしましょう。

上級レベル 100 かん字の　かき (2)

国語㉘

解答

1　①千　②八十　③五百　④四千二百

2　①虫　②犬　③火　④力　⑤足　⑥石　⑦赤

3　①土　②川　③金　④正　⑤糸　⑥女子　⑦生年　⑧白目　⑨先　⑩夕日　⑪村

指導の手引き

1　数字を漢数字で表すとき，一つ一つの漢数字は書けても，二字以上を組み合わせて書く数字になると書けなくなる子どももいます。これら以外にも，さまざまな数字を書いてみてください。

2　①字形に注意します。②点を忘れないように注意します。③字形に注意します。④一画目のハネに注意します。⑤字形に注意します。

3　①横棒の長さに注意します。②縦棒の長さに注意します。③字形に注意します。④字形に注意します。⑤字形に注意します。⑥「女」は筆順に注意します。「子」は二画目のハネに注意します。⑦「年」は字形に注意します。⑧字形に注意します。⑨「先」は最後のハネに注意します。⑩「夕」は字形に注意します。かたかなのタと区別がつくようにする必要があります。⑪「村」は二画目はとめ，六画目はハネます。

標準レベル 101 かくすう・ひつじゅん

国語㉙

解答

❶　①三　②四　③三　④三　⑤五

❷　①二　②二　③二　④三　⑤一

❸　日・中・王・六・犬

❹　(○を　つける　もの)①右　②左　③左　④右　⑤左

指導の手引き

❶　筆順は次の通り。

①　丨山山　　②　亅オ才水

③　一ナ大　　④　亅小小

⑤　一十才木本

❷　筆順は次の通り。

①　ノ入　　②　フ力

③　丨冂冃月目　　④　一丆不石石

⑤　く女女

❸　ほかの漢字の画数は次の通り。

土＝三画，立＝五画，三＝三画，四＝五画，竹＝六画，下＝三画，口＝三画。

❹　正しい筆順は大切なもので，筆順を間違えて書くと，きちんとした字になりません。また，筆順は誤って覚えやすいものなので，漢字を習うたびに，丁寧に確認しましょう。

ポイント

筆順は，「漢字を正しく，美しく書くのに必要なもの」と理解させましょう。そして，新しい漢字を習うたびに，一つ一つ覚えるようにします。

上級レベル 102 かくすう・ひつじゅん

国語㉚

解答

1　①五　②七　③八　④九　⑤十

2　①四　②五　③四　④四　⑤二

3　①十一　②十三　③十四　④十三

4　①男　②円　③花　④森　⑤学　⑥空

指導の手引き

1　筆順は次の通り。

①　一ナ左左左

②　一十才木村村村

③　一十キ主青青青青

④　一十廾廾节芇苜荁草

⑤　一十才木木木杧杧校校

2　筆順は次の通り。

①　一二三手

②　一丅下F巨耳

③　一十土キ赤赤赤

④　ノ𠂉牛生牛先

⑤　一丆冂币帀雨雨雨

3　①六画＋五画，②五画＋八画，③七画＋七画，④七画＋六角。

4　筆順は次の通り。

①　丨口田田田男男

②　丨冂円円

③　一十廾廾艹芲花

④　一十才木木本本森森森森森

⑤　丶丷⺍⺍学学学学

⑥　丶丷宀宀穴空空空

標準レベル 103 文しょうを　よむ (1)(ものがたり)

国語㉛

解答

❶ (1)キラキラ
(2)(○を　つける　もの)中
(3)ガサガサ
(4)(○を　つける　もの)左

指導の手引き

❶ (1)「キラキラ」は擬態語です。ものの様子などを，言葉で表現したものを擬態語といいます。
(2)「スーパーの　ふくろを　ガサガサ　いわせながら」とあります。どこかで買い物をした帰りであることを読み取らせます。
(3)「ガサガサ」は擬音語です。(1)の「キラキラ」とは違って，実際に聞こえる音を言葉で表現しています。
(4)「うわーっ。きれいだな。まっきいろ」と「きよし」は言っています。「ぼく」がもたれていたイチョウの木の，葉が黄色に染まっているのを見て，その美しさに感動しています。

ポイント
物語を読むときは，情景をよく考えることが大切です。

上級レベル 104 文しょうを　よむ (1)(ものがたり)

国語㉜

解答

❶ (1)(○を　つける　もの)左
(2)うろうろ
(3) れい ようちえんバスは　なぜ　こないのかと　いう　こと。
(4) れい きょう，ようちえんは　お休みだから。
(5)しぼんだふうせん

指導の手引き

❶ (1)「こうへい」は，ようちえんバスが来るのを待っていました。最後の部分で，「こうへい」は小学生になっていることがわかりますので，今までおこなってきた習慣からそうしているのだとわかります。
(2)「こうへい」はようちえんバスを待つ間，「うろうろ」しています。この表現のように，人物の様子を表現している言葉は，物語において重要な働きをするので，よく注意して読みましょう。
(3)「こうへい」は，ようちえんバスが来ないのが不思議で，見たことがある女性に，それについてたずねています。
(4)「こうへい」にたずねられた女性は，「きょうは，ようちえん，お休みなのよ」と言っています。この言葉を聞いて，「こうへい」はバスを待つ子どもが誰もいない理由がわかりました。
(5)「しぼんだ　ふうせん」のようにとは，「こうへい」の気持ちが急に落ち込んでしまったことを表した表現です。

注意 人物の気持ちを表している言葉に注意しながら読みましょう。

標準レベル 105 文しょうを　よむ (2)(ものがたり)

国語㉝

解答

❶ (1) れい ありの　すに　みずを　いれる　こと。
(2) れい みずの　はいった　おそうじの　バケツ。
(3)まっかなかお
(4)みきちゃん
(5)(○を　つける　もの)右

指導の手引き

❶ (1)「よしのくん」と「ゆかちゃん」がバケツを引っぱり合っている理由について説明している「みきちゃん」の言葉に着目します。「よしのくん」たちが，アリの巣に水を入れようとしたのを，「ゆかちゃん」が止めようとして，「やめなさいよ」と言っているのです。
(2)「よしのくん」と「ゆかちゃん」は水が入ったバケツを取り合っていました。このような文章の細部についてていねいに読み取ることが大切です。
(3)「よしのくん」「ゆかちゃん」が「まっかな　かお」をしていることから，とても興奮していることがわかります。この言葉のように，人物の表情を表す言葉は大切なので，よく注意して読ませましょう。
(4) ——線部②のある一文に着目すると，「みきちゃん」が周りの子たちに事情を説明していることがわかります。
(5)「ゆかちゃん」の言葉に着目します。「よしのくん」が「ただの　ありんこ」だから，巣に水を入れてもよいと言っているのに対し，「ゆかちゃん」は「いっしょうけんめい」生きているのだから，かわいそうだと言っているのです。

上級レベル 106 文しょうを　よむ (2)(ものがたり)

国語㉞

解答

1 (1)きもちわるい・すてて

(2)かわいいと　おもって　いる。

(3)(〇を　つける　もの)中

(4)(〇を　つける　もの)右

指導の手引き

1 (1)ゆみちゃんは，えっちゃんが「虫。」と答えると，「えー，きもち　わるい。はやく　すてて　きてよ。」と言っています。ここから，ゆみちゃんにとって，虫は「きもち　わるい」ものなので，はやく「すてて」ほしいと思っているのだとわかります。

(2)えっちゃんは，ゆみちゃんと違い，虫を「かわいいじゃん。」と言っています。

(3)えっちゃんは，「なんの　虫か　わからない」ので，「先生に　きこう」と思い，虫を持ってきたと言っています。虫を持ってきたことで，「ゆみちゃんを　びっくりさせ」てしまいますが，それはえっちゃんが虫を持ってきた目的ではありません。また，「クラスの　子に」「見せびらかす」ために持ってきたのでもありません。

(4)しゅんいちは，虫を持ってきて「かわいい」と言うえっちゃんを見て，「いっしょに　あそぶなら，だんぜん　えっちゃんだ」と思っています。ここから，しゅんいちは，えっちゃんと遊びたいと思っていることがわかります。「こうていに　いきたい。」という気持ちや，「虫を　すてて　ほしい。」という気持ちは読み取れません。

標準レベル 107 文しょうを　よむ (3)(ものがたり)

国語㉟

解答

1 (1)(〇を　つける　もの)左

(2)(〇を　つける　もの)右

(3) れい かみに　きれいな　おリボン　むすんで　あげる。

れい お花の　ついた　おくつ　はかせて　あげる。

れい おてて　ひいて，さんぽに　つれて　いって　あげる。

指導の手引き

1 (1)「ななこ」はあかちゃんのそばにいたかったのですが，母親からあかちゃんをそっとしておくように言われて，不服に感じています。ここから，「ななこ」があかちゃんのそばにいたかったことがわかります。

(2)「どんなに　あかちゃんの　生まれるのを　たのしみに　して　いた　ことでしょう」とあります。「ななこ」はあかちゃんが生まれてくるのを待ちながら，妹だったらいいなあと思って，いろいろ想像しています。

(3)「ななこ」が妹にしてあげようと思っていることは，三つあることを文章中から読み取らせましょう。

ポイント

どのようなことが起こって，人物がどのような気持ちを感じているかを，よく読み取らせましょう。

上級レベル 108 文しょうを　よむ (3)(ものがたり)

国語㊱

解答

1 (1)(〇を　つける　もの)右

(2)(〇を　つける　もの)左

(3) れい ちょっと　こまった　顔を　した。

(4)(〇を　つける　もの)中

指導の手引き

1 (1)「そうだ，ぼくが　おこさなくちゃ」と，赤い鳥は考えています。そして，空気が震えるほどのするどい声で，鳴きました。

(2)「家の　中は　まだ　しーんと　して　います」とあります。赤い鳥がするどい声で鳴いても，家の中にいる人たちは，だれも起きてきませんでした。しかたがないので，鳥はもう一度鳴いています。

(3)「ママは，ちょっと　こまった　顔を　しました」とあります。このような，心情が読み取れる言葉を文章中から探すのは，とても大切です。

(4)「赤い　鳥は，みんなの　顔が　そろったので，うれしくて　たまりません」とあります。自分が鳴いたために，家の人々を起こすことができたのだと思って，満足しているのです。

注意 音や様子を表す言葉に注意しながら，読みましょう。

標準レベル 109 しを　よむ
国語㊲

解答

❶ (1) れい ことりが　とまりに　くるから。
(2)木
(3)うれしく・くすぐったく・わらっちゃう
(4)(○を　つける　もの)中

指導の手引き

❶ (1)——線部①の後に,「ことりが　とまりに　くるから。」とあるので，そこが理由になります。
(2)「ぼく，／木に　なりたい。」と,「ぼく」の気持ちが表現されている部分に注目します。
(3)「ぼくの　木に，／すずめが　たくさん　とまりにきたら」という部分の後に,「ぼく」がどうなるかが書かれています。
(4) (3)でとらえた，木になった「ぼく」が笑うときの様子を考えさせましょう。「ぼく」が「くすぐったくて」「わらっちゃう」ということに注目し，人間が体を揺らして笑う様子を，木の様子に置きかえている選択肢を選びます。

ポイント
何かに置きかえたり，たとえたりすることで，気持ちや様子をイメージさせることがあります。

上級レベル 110 しを　よむ
国語㊳

解答

1 (1)2コ
(2)とんぼの　はね
(3)(○を　つける　もの)一つ目・三つ目
(4) れい みずから　うまれたから。・そらまで　とびたいから。

指導の手引き

1 (1)字数が同じだったり，同じ言葉を使っていたりするところに注目し，二つの連があることをとらえさせましょう。行が空いている部分も，手がかりにするとよいでしょう。
(2)二つの連が，それぞれ「とんぼの　はねは」で始まっていることから考えます。詩のタイトルも参考にし，何について書かれている詩か考えさせましょう。
(3)とんぼのはねの色について書かれている部分を探しましょう。「みずの　いろ」「そらの　いろ」とあるので，このことを説明している選択肢が答えになります。
(4)とんぼのはねが「みずの　いろ」や「そらの　いろ」だと考える理由を，「〜からかしら」という表現に注目して，とらえさせましょう。

ポイント
詩には，いくつかの連で構成されるものがあります。

標準レベル 111 文しょうを　よむ (1)(せつめい)
国語㊴

解答

❶ (1)キャットフード
(2)ライオンやトラ
(3)ほかのどうぶつのにく
(4) れい えものの　ほねから　にくを　こそげとる　こと。
れい けなみを　きれいに　ととのえる　こと。
(5)せいけつ

指導の手引き

❶ (1)「いえで　かわれて　いる　ネコは, ふつう　キャットフードなどの　えさを　たべて　いますね」とあります。筆者は，ネコについて説明をするにあたって，まず，親しみやすい，家で飼われているネコから始めています。
(2)「ネコは，もともと　ライオンや　トラの　なかまで」とあります。ネコがどういう動物かを説明するための一つ目の内容です。
(3)「ほかの　どうぶつの　にくを　たべて　いきて　きた　どうぶつ」とあります。ネコは肉食性であることを説明しています。
(4)第３段落と第４段落はネコの舌について説明しています。ネコの舌は「ざらざら」していますが，そのために,「えものの　ほねから　にくを　こそげとる」ことに役立ったり,「けなみを　きれいに　ととのえる」ことに役立ったりすると言っています。
(5)最後の段落に注目して，中心的な語句がどれになっているか，考えます。

ポイント
説明文では，各段落の中心内容に注目しながら読みましょう。

上級レベル 112 文しょうを　よむ (1)(せつめい)

国語㊵

解答

1 (1)(○を　つける　もの)左

(2) れい トキを　ほごするまで　みはる　しごと。

指導の手引き

1 (1)トキは，「うすももいろの　はねを　もつ　とり」であると説明されています。また，「きれいな　はね」という表現があることにも注目して考えます。くちばしについては，「まがった　ながい　くちばし」と書かれています。トキについての説明を正しく読み取らせましょう。

(2)「やくばの　ひとたち」は，「トキを　ほごするまで，だれかに　ずっと　みはって　もらおう」と思い，そのしごとをうじきんたろうさんに頼んだ，とあるので，この内容をまとめます。

ポイント

文章中でどのように説明されているか、正しく読み取らせましょう。

標準レベル 113 文しょうを　よむ (2)(せつめい)

国語㊶

解答

1 (1)たべもの

(2) れい 力を　だす　もとや，きんにくや　ほねを　大きく　する　ざいりょうに　なる。

(3) れい たべる　りょうを　へらす。

れい からだを　よく　うごかす。

(4) れい たべものが　たりないから。

れい たべた　ものを　からだの　中に　ためにくいから。

指導の手引き

1 (1)この文章は，食物が人の体にもたらすものについて，そして，食物によってふとったり，やせたりすることについて説明しています。第１段落では，「たべもの」を食べると「力」が出ることを言っています。

(2)「からだの　中で，力を　だす　もとに　なったり，きんにくや　ほねを　大きく　する　ざいりょうに　なります」とあります。とり入れられた食物が体内でどう役立つかについてまとめましょう。

(3)第３段落では「ふとって　いる　人」について説明しています。「ふとって　いる　人」は，「たべる　りょうを　へらして，からだを　よく　うごかすように」すると，やせていくと言っているので，この内容を二つに分けてまとめましょう。

(4)第４段落では「やせて　いる　人」について説明しています。「やせて　いる　人」は，「たべものが　たりないか，たべた　ものを　からだの　中に　ためにくい」のだと書かれているので，この内容をまとめましょう。「なぜですか」という問いなので，解答の文末は「から。」で結ぶことを理解させましょう。

上級レベル 114 文しょうを　よむ (2)(せつめい)

国語㊷

解答

1 (1)もものせっく

(2)女の子

(3) れい おひなさまや　にんぎょうを　かざる。

れい ももの　花や　ひしもちや　白ざけを　そなえる。

(4)けが・びょう気

(5)わら・木，にんぎょう

指導の手引き

1 (1)「ひなのせっく」は「もものせっく」とも呼ばれると書かれています。

(2)「ひなのせっくは，女の子の　せっくです」とあります。

(3)第３段落では，「ひなのせっく」に家で行われることがらについて説明しています。「おひなさまや　にんぎょうを　かざって」とあり，また「ももの　花や　ひしもちや　白ざけ」を供えると書かれています。「どんな　こと」と問われているので，「～こと。」という形で結ぶとよいでしょう。

(4)第４段落では，「むかしの　ひなのせっく」について説明されています。「ひなのせっく」は，「けが」や「びょう気」を避けることを願う祭りでした。

(5)最後の段落から，「むかしの　ひなのせっく」のやり方を読み取らせましょう。

標準レベル 115 文しょうを　よむ (3)(せつめい)

国語㊸

解答

❶ (1)(〇を　つける　もの)中
(2)テントウムシ・アリマキ
(3)(〇を　つける　もの)右
(4) **れい** のびた　白い　枝の　さきの　ふくらんだ　部分

指導の手引き

❶ (1)この文章は，ジャガイモが育ちながら，地下でジャガイモの実を大きくすることについて説明しています。ジャガイモの茎では，「たくさんの　葉を　つけた　枝が　つぎつぎと　のびだし」ていると書かれています。
(2)ジャガイモの茎や葉は，昆虫たちにねらわれると書かれています。そうした昆虫の例として，文章中では「テントウムシ」と「アリマキ」が挙げられています。説明文においては，具体例が多く使われるので，その例がどのようなことを表すためのものであるかを理解しながら，読みます。
(3)最後の５つの段落では，地下でどのようなことが起きているかについて説明しています。ジャガイモは，茎をどんどんと育てながら，地下には「白い　枝」をのばして，ジャガイモになるふくらみをつくると書かれています。また，茎から出た「枝」は，「根」とはちがうとも書かれています。
(4)前の段落とのつながりを考える必要があるので，やや難しいかもしれません。「のびた　白い　枝は，さきの　部分が」ふくらみ，それがいずれ「丸く」ふくらんで，ジャガイモになるのです。

上級レベル 116 文しょうを　よむ (3)(せつめい)

国語㊹

解答

1 (1)(〇を　つける　もの)中
(2)ねずみ・しっぽ
(3)下・トンネル
(4) **れい** 冬の　毛が　ぬけて，夏用の　きれいな　茶色の　毛に　なる　こと。

指導の手引き

1 (1)この文章は，ナキウサギについて説明したものです。ナキウサギが地上に現れるのは「雪どけの　水が　川に　なって　ながれだす」ころだと書かれています。
(2)第２段落では，ナキウサギがどのような動物であるかについて説明しています。ナキウサギは，「しっぽの　ない　ねずみのような　小さい　動物」であると書かれています。また，鳴き声についても書いてあるので，注意させます。
(3)第２段落では，ナキウサギが冬眠をする動物であることを説明しています。ナキウサギは，「ながい　冬の　あいだ」は「トンネル生活」をすると書かれています。
(4)第３段落にある「衣がえ」とは，ナキウサギの体の冬用の毛が夏用の毛に変わることを表しています。夏用の毛は「きれいな　茶色の　毛」だと書かれています。

117 最上級レベル ❶

国語㊺

解答

1 ①が(つ)き(ゆ)うかいで　は(つ)ぴょうしました。
②と(う)い　まちまで　お(う)きな　くるまで　でかけました。
③わたし(わ)，まいにち　ともだちと　いっしょに　がっこう(え)　いきます。
④あに(わ)　ほん(お)　よむこと(お)　たいせつに　して　います。
⑤こうえんには(。)おおきな　ふん水が　あります(」)。

2 ①カルタ　②レッスン　③ジャングル
④ルーレット　⑤チャンピオンベルト

3 ①ウ　②イ　③エ　④ア

4 ①イ　②ウ　③ア

指導の手引き

1 ①拗音や促音の誤りを探しましょう。②「お」で書くべき長音が「う」で書かれています。③・④助詞の「は」「を」「へ」が，「わ」「お」「え」で書かれています。⑤句読点とかぎかっこの誤りを探しましょう。

2 拗音，促音，長音，濁音，半濁音に注意しながら書きましょう。

3 具体例が何を表すものかを考えて，上位語を選びましょう。

4 具体的な名前から何のグループかを考えましょう。

118 最上級レベル ②

国語㊻

解答

1 ①おと　②いと　③くるま　④くさ　⑤め　⑥な　⑦そら　⑧たけ

2 ①大・犬　②学校　③森・王　④貝・虫　⑤村・町　⑥雨・石　⑦金・赤

3 ①六　②八　③六　④六　⑤七　⑥七

4 ①二　②四　③二　④三

指導の手引き

1 漢字は読めるだけでなく，書けるようになることも大切です。書けない字は，しっかり練習させます。

2 ①「犬」の点を忘れないように注意します。②「学」は五画目のハネに注意します。④「虫」の字形に注意します。⑤「村」は六画目のハネに注意します。⑥「雨」は三画目のハネに注意します。

3 筆順は次の通り。

① ノ 𠂉 ⺧ 乍 㐄 年
② 一 十 才 木 朩 村 材 林
③ ノ 𠂉 ⺧ 气 氕 気
④ 丨 冂 日 日 旦 早
⑤ 一 十 廾 艹 芢 芢 花
⑥ 丨 冂 罒 田 田 男 男

4 筆順は次の通り。

① 丨 冂 円 円
② ノ 亻 仁 什 休 休
③ 一 ナ 𠂇 左 左
④ ノ 𠂉 ⺧ 牛 生

119 最上級レベル ③

国語㊼

解答

1 (1)(○を　つける　もの)右

(2) れい ランドセルを　しょって　かえる　こと。

(3)(○を　つける　もの)左

指導の手引き

1 (1)かあさんは「ぼく」が明日ランドセルを買ってもらえることを喜んでいるのを見て，ほほえましく思っています。そして，「にいちゃんと　おなじ　ことを　いって　いる」とあるように，兄弟が同じことを言うのを面白がってもいます。

(2)「そんな　かっこう　わるい　こと」とは，直前にある，「にいちゃんも　しょって　帰ったの」と言っている，「ぼく」の言葉を指しています。にいちゃんは実はそのようにしましたが，今となっては，それを恥ずかしがっているのだということを読み取ります。

(3)にいちゃんが，ランドセルをしょって帰るのを「かっこう　わるい　こと」と言ったので，かあさんは，からかっています。自分がしたことについて，そう言わないで，ごまかそうとしたからです。

120 最上級レベル ④

国語㊽

解答

1 (1) れい ほそい　けっかん。

(2) れい ものおとを　きく。

れい よぶんな　ねつを　にがす。

(3) れい 耳だけの　ほうねつでは　たいおんを　下げるのに　まに　あわないから。

(4) れい ながい　きょりを　はしった　とき。

れい うだるように　あつい　とき。

指導の手引き

1 (1)ユキウサギの耳の内側には細い血管がたくさん走っていて，まるで迷路のようだと書かれています。

(2)ユキウサギの耳の役割については，第３段落と第４段落に書かれています。第３段落には「物音を　聞く」ことについて，第４段落には「よぶんな　熱を　にがす」ことについて書かれています。

(3)ユキウサギが「イヌのように　口を　あけ」ることについては，第４段落に書かれています。耳の血管から熱をにがすだけでは足りない時には口をあけることによって「体温を　下げて　いる」のだと書かれています。また，そのようになるのは，「長い　きょりを　走った　とき」や，「北海道では　めずらしく，うだるように　暑い　とき」だとも書かれています。

ポイント

説明文には，よく難しい言葉が出てきます。この難しい言葉をどれだけ理解できているかは，読解力に直結します。ひとつひとつ意味を確認しながら，読み取りましょう。